나다움을 찾는 매일의 작은 습관

스몰 스텝, 두 번째 이야기

스몰 스테퍼

나다움을 찾는 매일의 작은 습관
스몰 스텝, 두 번째 이야기

스몰 스테퍼

박요철 지음

천그루숲

머리말

이 책은 《스몰 스텝》의 두 번째 이야기이자 애프터 스토리다. 《스몰 스텝》이라는 이름의 첫 책이 출간된 후 1년 반 동안의 이야기를 담았다. 《스몰 스텝》은 매일의 작은 실천이 한 사람의 삶을 어떻게 바꿀 수 있는지에 대한 경험의 기록이었다. 그때는 혼자였다. 산책을 하고, 음악을 듣고, 필사를 하는 등의 작고 사소한 습관들을 혼자 실천하고 기록했다. 하지만 지금은 다르다. 이젠 500여 명의 사람들이 '스몰 스텝'을 함께 실천한다. 그뿐만이 아니다. 매일 2쪽 책 읽기, 하루 한 장 사진 찍기, 정리 방, 낭독 방, 글쓰기 방 등 무려 16개의 방에서 각자의 스몰 스텝을 정하고 매일 실천하는 모임이 됐다. 놀라운 것은 이 모든 활동들이 자발적이라는 것이다. 내가 제안해서 만든 방은 오직 글쓰기 방 하나뿐이다. 다른 모든 모임들은 '한 번 해 볼까?' 하는 누군가의 제안에 의해 시작되어 유지되고 있다. 그래서 〈스몰 스텝〉 모임에서는 '말조심 하라'는 격언이 생겼다. 말만 하면 이루어지는 경험들을 여러 번 해왔기 때문이다.

이 책은 평범한 사람들의 이야기다. 출근길에 흔히 만나는 주변의 보통사람들이 주인공이다. 대기업 직원도 있지만 학원 원장님도 있다. 전문직업인도 있지만 프리랜서도 있다. 휴직자는 물론 퇴직자도 적지 않다. 나이도 경험도 제각각인 우리는 어떤 이유로 이곳에 모여 매달 크고 작은 모임들을 이어가고 있는 걸까? 한마디로 이야기하자면 '나답게' 살고 싶어서다. 자기 자신이 아닌 타인을 만족시키는 삶에 지친 사람들이 소리 없이 이곳에 모였다. 아주 작은 일상에서부터 인생의 목표를 바꾸려는 큰 도전까지, 그 모양은 각양각색이지만 목적지는 한곳이다. 행복해지고 싶은 것이다. 이들은 자신의 영역에서 최선을 다해 살아온 사람들이다. 몸과 마음이 부서지도록 모든 힘을 다해 달려온 사람들이다. 그리고 이들이 공통적으로 깨달은 한 가지 사실이 있다. '이대로는 안 되겠다. 나를 위한 삶이 없었구나.' 하는 생각이다. 그런 이들이 모여 '자기다운' 삶이 무엇인지를 고민한다. 그러나 그에 대한 답은 모인 사람의 수만큼이나 다양하다. 우리는 모두 다르게 태어났고 그 자체로 유일무이한 존재이기 때문이다.

무려 100일간 매일 다섯 개의 문장을 유튜브에 올리는 사람이 있다. 160여 명의 사람들이 하나의 단톡방에 모여 그가 올리는 문장을 매일 학습한다. 그가 아무런 대가 없이 이 작은 스몰 스텝을 반복하는 이유는 무엇일까? 그건 바로 '영어로 사람을 살리고 싶다'는 열망 때문이었다. 영어를 통해 자신감을 회복하고, 하루를 살아갈 새 힘을 얻기 바랐기 때문이었다.

수 년째 독서모임을 지속해 온 대기업의 교육 담당자가 있다. 역시 그녀에게 물었다. 왜 돈도 안 되는 그 많은 수고를 혼자 담당하고 있는지를? 그녀는 말한다. '새로운 책을 고르고, 그 책을 함께 나누는 새로운 공간을 찾아다니는 일이 그 무엇보다도 즐겁기 때문'이라고 했다.

나는 이 두 사람을 통해 내가 세운 한 가지 작은 가설을 확인할 수 있었다. 그것은 사람마다 자신을 '움직이는 힘'이 각각 다르다는 사실이었다. 나는 바로 그 지점에 '자기다운' 삶을 위한 변화의 단초가 있다는 사실을 확인할 수 있었다. 가장 나다운 삶을 살기 위해 필요한 것은 나를 움직이는 힘의 비밀을 발견하는 일이다. 그것이 내게는 다름 아닌 글쓰기이고 강연이었다.

나는 매일 한 편의 글을 쓰는 것으로 하루를 시작한다. 새벽에 쓰지 못하면 12시 자정이 되기 전까지는 반드시 한 편의 글을 써서 올리고 있다. 매일 쓰는 글의 주제도 다양하다. 하지만 그 모든 글의 주제를 관통하는 키워드는 '나다움'이다. 가장 나다운 사람, 가장 나다운 회사들의 재미난 이야기를 찾아 글로 옮기는 작업을 한다. 누가 시켜서 하는 일이 아니다. 돈이 되는 일도 아니다. 그럼에도 나는 매일 즐겁고 신나게 한 편의 글을 쓰곤 한다. 누군가의 반짝이는 스토리를 옮겨 적는 일이 보람되기 때문이다. 행복하기 때문이다. 그리고 그 과정을 통해 나 자신이 조금씩 나다워진다는 사실을 '알아버렸기' 때문이다. 같은 방법으로 누군가는 매일 두 쪽의 책을 읽는다. 누군가는 사진을 찍는다. 누군가는 좋은 문장을 필사하고, 누군가는 그 문장을 낭독하는 시간을 통해 '나다움'을 발견한다. 모두 각자의 방법으로 하루를, 혹은 인생을 살아갈 새로운 힘을 얻는다.

우리는 그것을 '드라이빙 포스(Driving Force)'라고 부른다. 우리를 우리답게 만들어 가는 숨어 있는 욕망의 실체다. 그러나 그 욕망은 착한 것이다. 선한 영향력이다. 그 힘은 서로를 자극하는 에너지가 된다. '스몰 스텝'이라는 이름으로 우리를 모으는 보이지 않는 페로몬이다.

이 책은 한 사람의 책이 아니다. 주인공도 한 사람이 아니다. 스몰 스텝을 통해 삶의 변화를 경험한 많은 사람들의 이야기를 담았다. 그런 우리가 말하고 싶은 메시지는 복잡하지 않다. 기왕이면 하루를 살더라도 '나답게' 살아보자는 것이다. 이제 더 이상 타인의 기준에 맞추기 위해 발버둥 치는 삶이 아닌, 가장 나다운 삶으로 우리의 남은 인생을 채워보자는 제안이다. 그렇다고 엄청나고 거창한 목표를 제시하는 것도 아니다. 매일 새벽 6시 전에 일어나 보자는 것이다. 매일 한 편 이상의 글을 써보자는 것이다. 매일 두 쪽 이상의 책을 읽고, 가장 아름다운 일상의 한 순간을 사진으로 남겨보자는 것이다. 많이 걷고 적게 먹는 것, 하루 15분 동안만 어지러운 주변을 치워도 보고, 매일 10개의 팔 굽혀 펴기나 스쿼트를 실천해 보자는 것이다.

하지만 그 작은 실천이 쌓이면 결코 작지 않은 변화를 맛볼 수 있을 것이란 희망의 메시지를 전하고 싶었다. 그것을 대단한 사람들의 그럴 듯한 구호가 아닌, 평범한 사람들의 소박한 이야기로 전할 수 있기를 바랐다. 다시 말하지만 이 책은 한 사람의 책이 아니다. 스몰 스텝을 통해 변화를 경험한 우리 모두의 이야기다. 그리고 그 작은 변화의 행렬에 당신을 초대하기 위한 소박한 제안이다.

우리의 진심이 이 책을 집어든 당신의 마음에 가닿을 수 있기를, 그래서 그 변화의 기록을 함께 써나갈 수 있기를, 당신도 우리도 가장 '나다운' 삶을 살아갈 수 있기를, 이 책을 함께 쓴 우리 모두의 간절한 바람이다.

박요철

차 례

...🚶 Part 1 스몰 스텝, 더 비기닝

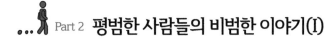

Part 2 **평범한 사람들의 비범한 이야기(I)**

Part 3 평범한 사람들의 비범한 이야기(II)

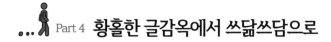

Part 4 **황홀한 글감옥에서 쓰닮쓰담으로**

Part 5 가장 나다운 삶을 위하여

스몰 스텝, 그 작은 시작의 이야기

●   월요일 아침이었다. 단톡방이 폭발하기 시작했다. 운영진 방에 제보가 잇따랐다. '스몰 스테퍼' 석헌 님을 소개한 브런치 글이 카카오톡을 통해 소개되고 있었다. 이미 포털 사이트의 첫 화면을 장식한 바 있던 글이었다. 다시금 이렇게 소개될 줄은 상상도 하지 못했었다. 오전 내내 단톡방에 사람들이 들어왔다. 300명으로 제한된 참여자 수를 1,000명으로 늘렸다. 늦은 오후가 되어서야 단톡방은 비로소 안정을 찾았다. 아홉 명의 운영진들이 돌아가며 안내를 했다. 그 안내조차 민폐가 될까봐 알람을 꺼달라는 안내를 다시금 했다. 뒤늦게 브런치의 카카오톡 채널 친구 수를 확인해 보니 25만을 넘고 있었다. 왜 이렇게 많은 사람들이 단톡방을 찾았는지, 비로소 이 상황이 이해되었다.

하지만 나는 알고 있었다. 쉽게 들어온 분들은 쉽게 나갈 수 있다는 것을…. 정작 숫자보다 중요한 건 따로 있었다. 바로 스몰 스텝을 통해 변화해 온, 그리고 앞으로 변화해 갈 우리들의 이야기다. 그 첫 번째 수혜자는 운 좋게도 나 자신이었다. 15년 가까운 직장 생활이 남긴 상처를 치유하고 싶었다. 그저 생존이나 생계에 급급한 삶이 아닌, 나 자신을 찾는 삶을 살고 싶었다. 그래서 지난 3년여간 하루 세 줄 쓰기와 같은 간단한 실천들을 지속해 왔다. 영어 단어 다섯 개 외우기나 하루 30분 산책 같은 평범한 것들이었다. 그 작은 도전과 경험들이 조금씩 내 삶을 바꾸기 시작했다. 그 내용을 가감 없이 브런치에 옮겨 썼다. 그러던 어느 날 하나의 글이 폭발했다. 그날도 밤새 알람이 울렸다. 그리고 거짓말처럼 출간 제안이 왔다. 기대 반 의심 반으로 책을 썼다. 다행히 《스몰 스텝》이란 책을 출간할 수 있었다. 나는 그때만 해도 내게 주어진 행운은 거기까지라고만 생각했다.

●   하지만 그건 시작에 불과했다. 무명작가의 책이 슬금슬금 팔리더니 4쇄를 찍었다. 서점에 나온 책 중 8할이 2쇄를 찍지 못하는 현실에 비추어 보면 기적과도 같은 일이었다. 그렇다고 베스트셀러가 된 것은 아니었다. 하지만 강연 요청이 끊이지 않고 이어졌다. 뭐라도 해야겠다 싶어 온오프믹스에 무료 강연을 개

설했다. 강남역 인근 토즈에 대여섯 분이 모여 내 강의를 들어주었고, 감사하게도 뒤풀이까지 함께했다. 그 한 번의 모임이 아쉬워 다음달에도 모이기로 했다. 그렇게 몇 번의 오프라인 모임이 아슬아슬하게 지속되었다. 그러다 또 한 번 이유를 알 수 없는 폭발이 일어났다. 단톡방에 사람들이 모여들더니 오프라인 모임 참여자 수가 소리소문없이 늘어났다. 이윽고 혼자서는 감당할 수 없어 9명의 운영자를 뽑아 따로 모임을 만들었다. 단톡방에 참여하는 사람들이 꾸준히 늘어났다. 누군가 의견을 내면 바로 실행하는 일이 빈번해졌다. '말하면 이루어진다'는 운영진 사이의 농담이 있을 정도였다. 번개 모임도 함께 늘어났다. 주말이 사라졌다. 이 모두가 스몰 스텝이 만들어 낸 (내게는) 기적과도 같은 놀라운 변화였다.

●　　　　　최근 '습관'에 관한 관심이 다양한 분야에서 늘고 있는 것을 본다. 나 역시 여러 건의 출간 제안을 새로 받을 만큼 이 분야의 관심은 뜨겁기 그지없다. 모 방송사에서는 이 주제로 다큐멘터리를 만들었고, 같은 주제의 책이 베스트셀러로 사랑받고 있다. 하지만 스몰 스텝은 '습관 만들기'가 목적은 아니다. 우리가 매일 실천하는 습관은 '도구'일 뿐 그 자체로 '목적'은 아니다. 우리가 다양한 스몰 스텝들을 실천하는 이유는 '나답게 살기' 위해서다. 그

누구의 삶도 아닌 나 자신의 인생을 오롯이 살고 싶어서다. 그 원리는 간단하다. 나의 일상에 활력과 재미와 보람과 에너지를 주는 작은 실천들을 반복하는 것이다. 그리고 그것들은 쉽고 간단한 실천이어야 한다.

이런 쉽고 간단한 실천들을 비슷한 생각을 가진 사람들과 함께 하니 더욱 쉬워졌다. 전문가들이 나타나기 시작했다. 〈황홀한 글감옥〉에서 만난 사람들은 무려 4번의 시즌에 걸쳐 60일 혹은 100일 동안 함께 글을 썼다. 인스타그램에 쓸 수 있는 짧은 글도 허락되는 방이었다. 그런데 이게 뭐라고 사람을 기쁘게 한다. 자존감을 높여준다. 하루의 삶에 활력소가 되어준다. 그 에너지로 각자에게 숨겨진 강점들이 하나둘씩 드러나기 시작했다. 그건 혼자만 나누기에는 너무 아까운 이야기들이었다. 나는 그 이야기들을 브런치에 연재하기 시작했다.

그 반응은 위에서 이야기한 그대로다. '평범한' 우리들의 변화에 대한 이야기가 보통의 사람들에겐 '비범하게' 들렸던 모양이다. 아니 어쩌면 희망이 되었는지도 모르겠다. 이렇게 작은 실천으로도 한 사람이 변할 수 있다는 믿음, 그 믿음을 이론이 아닌 실제의 삶으로 보여준 것이 우리가 한 일의 전부였다. 지금까지 열 명 이상의 이야기를 옮겨 썼고, 이 작업은 앞으로도 계속할 예정이다. 이들 중 소위 유명한 사람은 단 한 명도 없다. 우리가 주위에서 흔히 만날 수 있는 평범한 사람들이다. 하지만 이들은 스몰 스텝을 실천하는 '스몰 스테퍼'들이다. 자신이 좋아하는 일들을 지치지 않고 매일같이 실천해 가는 사람들이다. 그리고 이 변화는 누구라도 함께하면 경험할 수 있을 것이라 확신한다. 지금껏 함께했던 분들이 그래왔던 것처럼!

● 바야흐로 개인의 시대다. 빵집 하나도 프랜차이즈보다는 개인 빵집이 사랑받는 시대다. 이런 변화는 필연적인 것이다. 다양성의 시대가 활짝 열리고 있다. 스펙만으로는 흉내낼 수 없는 개성 넘치는 사람들이 각광받고 있다. 서울대를 가고 삼성전자에 입사할 수 있는 사람은 언제나 극소수일 수밖에 없다. 하지만 '나다운' 삶의 기준은 백만 명이 모이면 백만 개가 된다. 가장 나다운 삶은 오직 나밖에 살 수 없는 삶이다. 문제는 그 방법이다. 어떻게 하면 남과 비교하지 않고, 나 자신이 행복한 '나다운 삶'을 제대로 살아갈 수 있을까? 그 해법 중 하나로 우리는 '스몰 스텝'을 실천했다. 내가 먼저 나를 실험했다. 나의 경우는 그것이 글쓰기와 강연이었다. 내 삶이 달라졌다. 자연스럽게 나와 비슷한 사람들이 모이기 시작했다. 이미 그들은 자신의 삶에서 '자기다움'을 실천하고 있는 사람들이었다. 단지 그 방법이 달랐을 뿐이다. 나는 평범한 사

람들의 '빛나는' 변화의 과정들을 옮겨 적고 싶었다. 운 좋게도 그런 사람들을 매일 새롭게 만날 수 있었다. 그 공간이 바로 〈스몰 스텝〉 단톡방이었다.

●   지금 이 글을 읽는 분들에게 묻고 싶다. 당신은 어떤 기대로, 어떤 이유로 이 책을 찾았는가? 만일 지금까지의 글이 와닿지 않았다면, 당신은 어쩌면 기대와는 다른 방법을 찾아야 할지 모른다. 하지만 나는 믿는다. 우리 각자는 저마다의 개성과 능력이 다르게 태어났다는 사실을, 그들 모두가 '나다운' 삶을 열망하고 있다는 사실을 말이다.

이 책을 읽는 분들에게 확신을 가지고 말하고 싶다. 이미 그렇게 살고 있는 사람들이 적지 않다는 사실을, 그들과 함께한 지난 1년의 변화가 가슴 벅차도록 놀라웠다는 사실을, 이제는 이러한 유익을 당신과 함께 나누고 싶다고.

●   그렇다면 이제 무엇을 해야 할까? 뷔페의 메뉴처럼, 이미 만들어진 16개의 다양한 〈스몰 스텝〉 단톡방을 들여다 보아주었으면 좋겠다. 그리고 그중에서 가장 나와 어울리는 스몰 스

텝을 함께 실천했으면 좋겠다. 매일 두 쪽의 책을 읽어도 좋고, 매일 다섯 개의 영어 문장을 외워도 좋다. 매일 한 줄의 글을 써봐도 좋고, 매일 하나의 아이디어를 생각해 나누는 방을 함께해도 좋다. 그림을 그려도 좋고, 필사를 해봐도 좋다. 도저히 마음에 드는 〈스몰 스텝〉 방이 보이지 않는다면 직접 만들어도 좋다. 하지만 그것은 '작은' 것이어야 한다. 5분을 넘기지 않을 만큼 간단한 것이어야 한다. 그러면서도 하고 나면 뿌듯한 '무엇'이어야 한다. 그리고 매일 할 수 있는 것이어야 한다. 지속할 수 있는 것이어야 한다. 내가 지난 3년 동안 지속해 왔던 것처럼, 우리가 지난 1년 동안 함께 해 왔던 것처럼.

●   이곳은 평범한 사람들이 모인 곳이다. 하지만 평범한 사람들이 모여 '비범'해지는 곳이기도 하다. 그리고 이 비범함은 세상이 말하는 '최고'와는 사뭇 다른 것이다. 나 자신이 만족하는 삶이다. 나 자신이 나다워지는 삶이다. 내게 매일 새로운 에너지를 주는 삶이다. 우리는 각자 다르게 태어났으니, 우리에게 힘을 주는 그 무엇(Driving Force)도 다를 수밖에 없다. 그런데 비슷한 사람들끼리 모이면 폭발이 일어난다. 원자들이 부딪혀 상상도 못할 에너지를 만들어 내는 것처럼. 그 변화가 어떤 것들이었는지 우리

는 지난 1년간 다양한 실험을 해왔다. 그 변화를 다양한 방식의 인증으로 그려나가고 있다. 당신이 본 글은, 당신이 본 변화는 그 놀라움 중 아주 작은 빙산의 일각에 지나지 않는다. 그렇다면 가장 놀라운 변화란 대체 무엇일까?

그건 바로 '당신'이 변할 것이라는 확신이다. 당신이 가장 '당신다워지는' 바로 그 순간이다. 우리가 단톡방을 만들고, 오프라인 모임을 만들고, 다양한 프로그램을 기획해 당신에게 제안하는 이유는 바로 그 때문이다.

이제 바로 '당신'이 달라질 차례다.

<스몰 스텝> 단톡방 소개

1. 스몰 스텝 단톡방
스몰 스텝에 관한 전반적인 소식을 나누는 방입니다.
https://open.kakao.com/o/gIWhMZS

2. 강한남자
푸쉬업 등의 운동을 하고 인증하는 방입니다(사진 인증을 위해 남자 참가자만 받습니다). https://open.kakao.com/o/gaBLSHvb

3. 고고고 방
좋은 문장이나 명언을 나누고 필사하는 방입니다(참여코드 : gogogo).
https://open.kakao.com/o/gdg4igb

4. 낭독의 재발견
자신이 읽은 책의 문장을 낭독하고 공유합니다. 현재 '시즌 5'가 진행 중입니다. https://open.kakao.com/o/gxZn8kLb

5. 다보소식행(多步少食幸)
자신의 식단, 운동, 몸무게 등을 인증하는 방입니다(참여코드 : diet100).
https://open.kakao.com/o/gphlhKJb

6. 매스 스텝
매일 수학 강사가 내는 수학 문제를 풀고 인증합니다(참여코드 : math).
https://open.kakao.com/o/gtB5pfR

7. 미라클모닝
매일 새벽 6시 이전에 일어나 사진으로 인증합니다(참여코드 : mimo6).
https://open.kakao.com/o/gy5MeYtb

8. 이성봉영어_스몰스텝방
현직 영어 강사가 엄선한 영어 단어 5문장을 유튜브로 학습합니다(참여코드 : sbtv). 격주로 원서를 함께 읽는 '토요원서미식회'도 운영합니다.
https://open.kakao.com/o/gyBPAAhb

9. 3줄 일기방
매일 세 줄의 일기를 쓰고 사진으로 인증합니다(참여코드 : three).
https://open.kakao.com/o/gx3ajdtb

10. 스몰정리스텝!
자신의 공간이나 물건을 정리하고 사진으로 인증합니다.
https://open.kakao.com/o/gJhhxcub

11. 쓰닭쓰담 온라인방
격주로 함께 모여 글을 쓰고 합평하는 모임입니다. 현재 3기 운영 중이
며 비공개로 운영됩니다.

12. 하루에 2쪽 책 읽기
매일 두 쪽의 책을 읽고 사진으로 인증합니다(참여코드 : 2page).
https://open.kakao.com/o/gmWUNwqb

13. 하루 사진
매일 일상의 사진을 찍고 공유하는 방입니다.
https://open.kakao.com/o/gCNfbjtb

14. 황홀한 글감옥
매일 한 편의 글을 쓰고 글 주소를 공유합니다. 시즌제로 운영 중입니다
(참여코드 : prison). https://open.kakao.com/o/gSbnzlOb

15. 나는 사람책을 읽기로 했다
평범한 사람들이 강연을 통해 자신의 특별함을 발견해 가는 곳입니다(참
여코드 : readhb). https://open.kakao.com/o/giXw9mNb

16. 꽃모닝
현직 플로리스트가 매일 아침 꽃 사진과 함께 스토리를 공유합니다.
https://open.kakao.com/o/glSfeblb

Part 1 스몰 스텝, 더 비기닝

초고도 비만 환자를
치료하는 법

　　UCLA 의과대학의 의사인 로버트 마우어 박사는 어느 날 초고도 비만 환자 한 명을 만났다. 이 환자는 누가 봐도 건강한 식단과 지속적인 운동이 필요해 보였다. 하지만 아무리 그 중요성을 이야기해도 이 환자가 따라 할 것 같지 않았다. 그래서 박사는 한 가지 제안을 했다. 하루 종일 소파에 앉아 TV를 보는 그에게 1시간에 1분 정도만 서서 걸어다닐 수 있겠냐고 물어봤다. 실천방법이 너무 쉽고 간단했던 것일까? 환자는 단번에 이 제안을 수락했다. 그리고 한 달 뒤 환자가 다시 찾아왔다. 과연 그는 체중이 줄었을까? 당연히 그대로였다. 다만 한 가지 놀라운 변화는 환자가 로버트 마우어 박사에게 이렇게 물어본 것이다.

　　"선생님, 혹시 조금 더 어려운 운동은 없을까요?"

●   이 장면은 내게 묘한 울림을 주었다. 마치 내가 소파에 앉아 있던 초고도 비만 환자인 것 같은 깨달음이 온 것이다.

'아주 작은 반복으로도 뭔가 달라질 수 있구나.'

내가 변화에 도전하지 못한 건 너무 큰 목표 때문이었다는 생각이 들었다. 실제로 이 작은 변화는 수많은 초고도 비만 환자의 치료에 응용되었다. 이제 남은 것은 실천이었다. 그래서 나는 퇴근길 마을버스를 포기하고 집까지 걷기 시작했다. 밤에 걷는 탄천의 아름다움은 하루의 피로를 씻은 듯 사라지게 했다. 20년 가까이 같은 동네에 살면서 이런 곳이 있다는 사실을 느끼지 못하고 있었던 것이다. 엉켜있던 생각들이 단순명료하게 정리되었다. 그렇게 집으로 돌아온 그날은 숙면을 취할 수 있었다. 나는 이 책이 말하는 '스몰 스텝'에 나도 모르게 서서히 중독되어 가고 있었다.

●   퇴근길 30분 산책이 불러온 변화는 놀라웠다. 밤의 산책은 다양한 방식으로 진화했다. 나는 점심시간에도 걸었다. 주말에도 걸었다. 조금 지루해지면 음악을 들으며 걸었다. 그것도 식상해지면 팟캐스트를 들으며 걷기를 계속했다. 산책 때 듣는 음악은 좋은 가사의 팝송을 따로 골랐다. 때마침 시작한 영어 단어 다섯 개 외우기와 자연스럽게 연결됐다. 팟캐스트는 나의 지적 호

기심을 다양한 방법으로 자극했다. 지금은 방송을 중단한 '지적 대화를 위한 넓고 얕은 지식'이 공부의 즐거움을 되살려 주었다. 역시 지금은 더 이상 방송되지 않는 '이동진의 빨간 책방' '더 드라마'를 통해 스토리텔링에 대한 다양한 방식의 접근들을 재미있게 학습할 수 있었다.

나의 산책길에 가족들이 동참하기 시작했다. 밥 먹을 때도 놓지 않았던 스마트폰을 산책 때는 볼 수 없었다. 자연스럽게 많은 이야기가 오갈 수 있었다. 딸에게는 '교환일기'를 제안했다. 한쪽 면에 내가 질문을 쓰면 딸이 답을 쓰는 방식이었다. 놀랍게도 이 교환일기는 세 권의 노트로 이어졌다. 작은 선물을 건 제안이었지만 딸은 정말로 열심히 나머지 반쪽을 채워주었다. 그동안 알지 못했던 딸의 고민과 생각들을 교환일기를 통해 속속들이 알 수 있었다. 교환일기는 이후 함께 그리는 그림으로 진화했다. 딸은 글쓰기와 그림에 재능이 있었다. 그 후로 딸은 숙제로 쓰는 모든 글들을 내게 보

딸과의 '교환일기'는 세 번에 걸쳐 진행되었다. 이 3권의 교환일기를 통해 나는 딸에 대해 생각지도 못했던 것들을 알게 되었고 더욱 친해질 수 있었다.

여주었다. 상을 타오는 일이 잦아졌다. 밤의 산책이라는 아주 작은 실천 하나가 몰고 온 효과는 의외로 대단했다. 나는 지금도 매일 아침 탄천을 걷는다. 이제는 거리가 조금씩 늘어나고 있다.

●　　　우리는 왜 한 번에 많은 것을 바꾸려고 하는 걸까? 왜 뒷산을 오르면서도 8,000m 고산지대 등반을 위해 만든 아웃도어를 입어야만 할까? 영어를 공부하려면 왜 유명한 학원의 새벽반을 끊어야만 하는 걸까? 그것이 효과적이지 않은데도 말이다. 우리는 그 과정에서 자꾸만 실패를 경험한다. 스몰 스텝의 가장 큰 미덕은 작은 성공을 학습케 한다는 것이다. 인간의 뇌는 올림픽에서 메달을 따는 정도의 성공과 소파에서 일어나는 그 1분의 성공에 대해 우리가 생각하는 만큼 그렇게 크게 구분하지 않는다. 올림픽 메달을 딴 후 일주일이 지나도록 여전히 흥분하고 있다면 그것은 분명 비정상적인 것이다. 반면 매일매일 반복하는 작은 성공들은 '나도 할 수 있다'는 자존감을 높여주며, 일상에 활력을 준다. 결국엔 한 사람의 인생을 바꿔놓는 결과들로 이어진다. 내게 스몰 스텝은 바로 이런 변화를 가능케 한 부싯돌과도 같은 깨달음을 주었다. 나의 다음 스텝은 명확해졌다. 이 작은 성공의 빈도와 강도를 조금씩 높여가는 것이다.

베르나르처럼
'나답게' 살고 싶다면

약 7년 동안 브랜드 전문지에서 글을 썼다. 그 후 5년 이상 크고 작은 회사들과 함께 브랜드 컨설팅을 하고 있다. 이렇게 10년 이상 한 가지 분야에 몰두하다 보면 아무리 부족한 사람이라도 업의 본질을 깨닫게 된다. 내가 하는 일을 한마디로 말하자면 기업의 '자기다움'을 찾아주는 일이다. 모든 브랜드 컨설팅 과정은 기업의 '아이덴티티'를 발견해 이를 선명한 '컨셉'으로 정리해 주는 일이다. 여기에서 회사의 이름이 나오고 브랜드 명이 나오고 기업의 슬로건을 도출해 낼 수 있다. 그런데 이 지점에서 나는 한 가지 의문이 생겼다. 기업이 이렇게 컨설팅을 통해 '자기다움'을 발견해 낼 수 있다면 개인에게도 이것이 가능하지 않을까?

●　　　　　훌륭한 브랜드 뒤에는 언제나 개성 넘치는 창업자들의 스토리가 있다. 애플 하면 스티브 잡스를 빼놓고 이야기할 수 없다. 국내 기업 중 브랜딩을 잘하는 것으로 알려진 현대카드와 배달의 민족을 보라. 이들 기업의 브랜딩은 창업자의 가치나 철학 없이 설명할 길이 없다. 이처럼 기업의 브랜딩은 사람으로 시작해 사람으로 귀결된다. 그렇다면 나도 브랜드가 될 수 있을까? 누군가가 브랜드가 될 수 있도록 도울 수 있을까? 그렇다면 가장 먼저 무엇부터 해야 할까?

나는 '나다운' 삶을 살고 있는 사람들을 찾기 시작했다. 그렇게 수년간 약 300여 명의 인터뷰 글을 찾아 회사(브랜드 전문지 '유니타스브랜드'였다) 페이스북을 통해 소개했다. 직업과 나이를 가리지 않고 자신의 업에 자부심을 가지고, 비교나 경쟁 없이 자신의 길을 개척한 사람들의 인터뷰가 리서치의 주된 대상이었다. 그 과정에서 독특한 자신만의 철학을 가진 사람들이 눈에 들어오기 시작했다.

●　　　　　제일 먼저 눈에 들어온 사람은 클라우스 피터슨이라는 56세의 덴마크 사람이었다. 그의 직업은 웨이터였다. 그는 무엇보다 자기 자신의 직업에 대단한 자부심을 가지고 있었다. '두 발로 걸어다닐 수 있는 한 웨이터를 계속하고 싶다'고 했다. 함께

소개된 인터뷰 동영상에서 본 그의 모습은 누구보다 당당하고 멋있어 보였다. 과연 우리나라에서 일하는 웨이터들 중 몇 명이 이런 말을 할 수 있을까?

다음에 찾은 인터뷰 글은 우리나라에서 흔히 만날 수 있는 18세의 소녀였다. 그녀는 부모의 동의하에 고등학교에 진학하지 않았다. 대신 자신이 직접 학습 커리큘럼을 짜서 공부했고, 그 결과물로 책까지 출간한 상태였다. 다음과 같이 말하는 그녀의 사진 속 모습은 눈에서 빛이 나고 있었다.

"많은 사람이 가느냐, 적은 사람이 가느냐의 차이인데 많은 사람이 가도 불안한 길이라면 제가 조금 더 마음이 끌리는 길을 가는 게 이득이지 않을까요?"

무려 35년 동안 떡볶이용 떡만을 만들어온 장인의 인터뷰도 만났다. 그는 한글을 모른다고 했다. 30여 년 전 그가 주변 사람들에게 어떤 대접을 받았을지 짐작하는 것은 어렵지 않았다. 하지만 그는 묵묵히 자신의 길을 걸어왔다. 그리고 지금은 새벽 일을 마친 후 매일 한글 맞춤법 공부를 하고 있었다. 대학을 나온 그의 딸은 아버지를 자랑스러워하고 있었다. TV 화면 속 그의 모습을 보며 때묻지 않은 순수한 열정이 무엇인지 가늠할 수 있었다. 환하게 웃는 그의 모습은 자신의 삶과 업에 몰두하는 아름다움이 무엇인지 생생하게 보여주었다.

●   그즈음 눈에 들어온 사람이 바로 다름 아닌 베르나르 베르베르였다. 우리나라 독자들이 가장 사랑하는 소설가 중 한 사람인 그는 어느 일간지와의 인터뷰에서 다음과 같이 말하고 있었다.

"제가 생각했을 때 실패한 인생이라는 것은 자기 자신이 아닌 다른 사람들만을 만족시키다가 끝나는 삶입니다. 어릴 때는 부모님 말만 듣고, 학교에 들어가서는 선생님 만족에만 따르며, 사회에 나와서는 상사에게 잘 보이려고 하고, 결혼한 후에는 배우자나 아이들에게만 맞춰 주는 삶, 이런 것이 실패한 삶이라고 저는 생각합니다."

나는 이 인터뷰 기사를 읽고 뒤통수를 맞은 듯했다. 그 '실패한 인생' 속에 내 모습이 고스란히 담겨 있었다. 부모님의 말씀을 크게 어기지 않았다. 선생님께 칭찬받는 아이였다. 상사의 마음에 들기 위해 미친 듯이 일했던 시간들이었다. 그런데 그것이 실패한 삶이라니…. 하지만 그 말을 차마 부인할 수 없었다. 핵심은 '열심히'에 있지 않았다. '다른 사람들을 만족시키는' 삶에 있었다. 타인에게 인정받기 위해, 누군가와 경쟁하기 위해 성공한 사람들과 비교하다 보니 내 삶이 사라지고 있었다. 하지만 '나답게' 산다는 것이 어떤 것인지 감이 오지 않았다. 어떻게 사는 것이 나다운 삶일까?

내가 '만족'할 수 있는 삶은 어떤 것일까?

무엇보다 내가 누구인지를 알아야 했다. 그래서 선택한 방법 중 하나가 바로 일기 쓰기였다. 그것도 하루에 세 줄만 쓰는 일기였다.

내 삶을 바꾼
하루 세 줄의 일기

영국 왕립소아병원에서 일하는 한 일본인 의사가 있었다. 그는 20년 간 스트레스로 지친 몸과 마음을 효과적으로 다스리는 방법을 찾고 있었 다. 그러던 어느 날 병원에서 쓰는 환자용 차트가 눈에 들어왔다. 그 차트 는 환자의 모든 상태를 단 7줄로 매일 기록하고 있었다. 어떤 응급상황에 서도 한 번에 환자의 상태를 알아볼 수 있는 차트였다. 그는 이 기록의 방 법을 자신에게도 적용하기로 했다. 매일 세 줄의 일기를 써보기로 한 것이 다. 맨 첫 줄은 그날의 가장 행복했던 기억을 썼다. 다음 줄은 가장 안 좋았 던 기억을, 마지막 한 줄은 내일의 각오를 다지는 내용으로 채웠다. 이 세 줄의 일기가 그의 삶을 변화시키기 시작했다. 무엇보다 그를 건강하게 만 들어 주었다. 그뿐만이 아니었다. 두통, 어깨결림, 불면증, 우울증, 자율신 경 실종 증상을 겪는 환자들이 하루 세 줄의 일기로 건강을 되찾았다.

●　　　　　　나는 이 기록을 내게도 적용해 보기로 했다. 세 줄 일기는 무엇보다 쓰는 데 부담이 없어 좋았다. 바쁠 때는 1분의 시간으로도 충분히 기록할 수 있었다. 지금까지 5년 이상 세 줄 일기를 쓰다 보니 어느새 대여섯 권의 노트가 쌓였다. 그렇게 노트가 쌓이던 어느 날 나는 한 해 동안의 기록을 엑셀로 정리해 보았다. 내가 어떨 때 가장 행복했는지, 어떨 때 가장 힘들어했는지를 한 번에 알아볼 수 있을 것 같았다. 그런데 결과가 조금은 뜻밖이었다. 평소에 내가 알고 있던 내 모습과는 거리가 있었기 때문이다.

- ▶ 만남과 소통, 교감 있는 대화 - 46회
- ▶ 미루는 습관, 나태함 - 42회
- ▶ 가족들에게 짜증, 화냄 - 25회
- ▶ 관계, 소통의 불편 - 20회
- ▶ 산책 등 스몰 스텝 - 17회
- ▶ 용기 있는 도전 - 13회
- ▶ 걱정과 염려 - 6회

●　　　　　　미루는 습관이나 걱정, 염려는 납득할 수 있었다. 하지만 이렇게까지 자주 가족들에게 짜증을 내고 있었는지는 미처

알지 못했다. 1년에 25번이라면 거의 2주에 한 번씩은 가족들에게 화를 내고 있었다는 말이 된다. 평소 온화한 성격의 사람으로 생각했던 나는 스스로를 돌아보게 되었다. 사람들은 자신에게 유리한 것만 기억하기 마련이다. 순간 불같이 화를 내놓고는 다음 날 미안한 마음에 더 잘해주던 기억들이 새삼 떠올랐다. 그리고는 잊어버리는 것이다. 하지만 세 줄 일기는 거짓말을 하지 않았다. 있는 그대로의 내 모습을 보여주고 있었다. 또 다른 발견도 있었다.

관계의 어려움과 소통에 불편을 겪고 있다는 것은 평소 나 자신도 잘 알고 있었다. 그런데 만남과 소통, 교감 있는 대화를 통해 큰 힘을 얻고 있다는 사실은 내게도 새로웠다. 곰곰이 생각해 보니 그때의 나는 스타트업을 대상으로 '자기발견'에 관한 교육 프로그램을 진행하고 있었다. 그제서야 이 프로그램의 강사로 처음 참여했던 기억이 떠올랐다. 나는 노트를 뒤져 당시의 가슴 뛰는 기록을 다시 찾을 수 있었다.

나는 내향적인 사람이다. 때로는 소심하기도 하다. 약간의 강박도 있다. 집을 나설 때면 반드시 가스 밸브를 잠그는 사람이다. 모임을 가면 가급적 뒤풀이는 피하곤 한다. 회식 자리는 늘 불편하다. 그 대신 금요일 밤 혼자 미드를 보며 맥주 한 캔을 마실 때가 가장 행복하다. 그런 내가 여러 사람들 앞에서 강의를 해야 하는 상황이 왔다. 새로 이직한 회사에서 교육 프로그램을 개발했는데 파일럿 강사가 필요했다. 여러 가지 이유로 내가 그 첫 강의를 시작해야만 하는 상황이 왔다. 강의 전날은 잠을 제대로 이루지 못했다. 강의 당일은 오만 가지 생각이 밀려들었다. 사람이 안 오면 어쩌나, 반응이 좋지 않으면 어떡하나…. 강의 중에는 식은땀이 등줄기를 타고 흘러내렸다. 어찌어찌 강의는 마무리했지만 굳은 표정의 청중들을 보고 이미 나는 낙심해 있었다. 그러나 담당자가 가져다준 강의 평점은 5점 만점에 4.8점을 기록할 만큼 엄청난 만족도를 기록하고 있었다. 신규 강의 개설자로는 유례가 없는 높은 평가라고 했다. 강의를 마치고 집으로 귀가하던 버스 안에서 나는 일찍이 경험해 보지 못한 엄청난 보람과 뿌듯함을 느꼈다. 내 존재의 이유를 찾은 것 같은 기쁨이 밀려왔다.

●   3년 여가 지난 지금, 나는 연간 50여 회 이상의 다양한 강연을 다니고 있다. 주제도 다양하고 청중도 다양하다. 한 번은 해군 함대에 초청을 받았을 때의 일이었다. 인터넷이 연결되지 않았고, 군 규정상 USB 사용이 금지된 상황에서 화면을 띄울 수 없었다. 다양한 방법을 시도해 봤으나 모두 실패였다. 결국 PPT 없이 강의를 해야만 했다. 지금까지 이런 일은 없었다. 하지만 수년간 강의를 다니다 보니 내용이 머릿속에 고스란히 남아 있었다. 나는 한 땀 한 땀 기억을 되살려 그날의 강의를 성공적으로 마무리할 수 있었다. 그 뒤로는 강의에 대한 두려움이 완전히 사라졌고, 강의

중에도 여유를 가질 수 있게 되었다. 하지만 가장 큰 보상은 가장 '나다운' 모습을 발견했다는 데 있었다.

●　　　　　세 줄 일기는 가장 나다운 모습이 언제 발현되는지를 고스란히 알려주었다. 어떨 때 내가 에너지를 얻는지, 어떨 때 내가 에너지를 빼앗기는지를 그대로 보여주고 있었다. 나는 여기에 '드라이빙 포스(Driving Force)'라는 이름을 붙였다. 함께 교육 프로그램을 개발했던 대표님이 지어준 이름이었다. 나는 그렇게 나의 드라이빙 포스를 찾아 다양한 도전을 시작했다. 그리고 그 모든 '자기발견'의 시작은 바로 하루 세 줄을 기록한 일기에서부터 시작되고 있었다.

세 줄 일기

'스몰 스텝'의 원칙은 쉽고 간단해야 한다는 것이다. 세 줄 일기 역시 그런 취지에서 쓰기 시작한 일기다.

1. 첫 줄에는 그 전날의 가장 안 좋았던 기억을 쓴다. 후회나 불편함을 써도 좋다. 저녁에 쓴다면 그날의 안 좋았던 기억을 쓰면 된다.
2. 둘째 줄에는 그 전날의 가장 행복했던 기억을 쓴다. 축하할 일이나 행복했던 기억, 자신이 잘한 일도 좋다. 저녁에 쓴다면 그날의 행복했던 기억을 쓰면 된다.
3. 셋째 줄에는 그날 하루의 각오를 쓴다. 저녁에 쓴다면 내일의 각오를 써보자. 이 한 줄을 쓰는 것만으로도 하루의 스트레스가 사라진다.

구슬이 서 말이라도 꿰어야 보배인 법이다. 세 줄 일기는 지속하는 것이 중요하다. 최소 3개월 이상 쓴 다음 통계를 내어 보자. 희한하게도 자신이 비슷한 일에 좌절하고, 비슷한 경험에서 새로운 힘을 얻고 있다는 사실을 발견할 수 있을 것이다. 그것이 바로 Driving Force다.

Small Step
세 줄 일기

1   1. 우울을 이겨낸 마녀 마인드(마녀체력)를 연습할 수 없나?

       2. 아침 산책으로 컨디션이 한결 나아졌다

       3. 매일매일 내게 힘을 주는 미션을 실행하자!

2   1. 딸이 말했다. "아빠는 언제 기분이 나빠질지 모르잖아."

       2. 지루할 수 있는 컨설팅 질문지 작업에 온전히 몰입할 수 있었다

       3. 적어도 지금 하는 일에서만큼은 절대로 Proffesional이 되자!

3   1. 낮에는 자고 밤에만 움직이는 아들, 못마땅해 죽겠다.

       2. 스몰 스텝 세 번째 모임, 집중은 못했으나 너무 보람을 느낀 모임

       3. 비폭력 대화를 제대로 이해한다면 내 삶이 달라질까?

www.천그루숲.com의 자료실에서 양식을 받을 수 있습니다.

드라이빙 포스(Driving Force)를
찾아서

〈체이싱 매버릭스〉라는 영화를 보았다. 여기서 '매버릭스'는 높이 8m 이상의 엄청나게 큰 파도를 일컫는 말이다. 서핑하기 좋은 미국의 캘리포니아에서도 이런 파도는 아주 드물게 발생한다고 한다. 파도에 미친(?) 서퍼들은 차에 항상 라디오를 가지고 다닌다. 서퍼들을 위한 전문 라디오 방송이 따로 있기 때문이다. 그리고 매버릭스가 나타나면 서퍼들은 만사를 제쳐두고 해변으로 달려간다. 그때부터 목숨을 건 파도타기가 시작된다. 체이싱 매버릭스 (Chasing Mavericks), 즉 거대한 파도를 좇아가는 서퍼들의 이야기가 이 영화의 스토리다. 하지만 한편으론 추모 영화이기도 하다. 이 영화의 주인공은 그가 그토록 좋아하던 파도를 타다 세상을 떠나고 만다. 채 서른이 되기 전의 나이였다. 감동적인 영화였지만 나는 그들의 열정을 이해하기 힘들었다. 죽을지도 모를 위험을 무릅쓰고 파도를 타는 이유는 무엇일까? 과연 무엇이 그들을 그 위험한 파도 앞으로 뛰어가게 만드는 걸까? 금요일 밤의 미드를 사랑하는 내게는 너무나 먼 이야기였다. 하지만 그런 사람이 아주 가까운 곳에 있었다. 바로 부산에 사는 친구가 바로 그런 삶을 살고 있었다.

●   친구는 새벽마다 바다 수영을 한다고 했다. 사방을 분간할 수 없는 바다 위에서 그는 파도와의 싸움을 즐긴다. 위험하지 않냐고 슬쩍 물어보았다. 세 번 정도 죽을 뻔했다고 했다. 그럼에도 불구하고 멈출 수 없다고 했다. 고요한 바다 위에서 수영을 하는 동안 복잡한 생각들이 정리된다고 했다. 문득 어린 시절의 친구 이야기가 떠올랐다. 친구는 부산 영도대교의 난간 위를 아무런 안전장치 없이 걸어간 적이 있다고 했다. 하지만 바닷바람이 불어 자꾸 인도 쪽으로 떨어졌다. 그래서 친구는 바다 쪽으로 몸을 기울여가며 난간 위를 걸어갔다. 그때였다. 그토록 거세던 바닷바람이 한순간에 사라졌다. 친구는 그대로 바다 위로 떨어졌다. 그리고 유유히 바다를 헤엄쳐 뭍으로 걸어 나왔다. 그 장면을 떠올린 나는 친구의 그 무모함을 조금은 이해할 수 있었다. 내가 금요일

밤의 미드로 일주일의 삶을 위로받고 새로운 힘을 얻듯이 친구는 자신의 방법으로 자신의 삶을 지켜가고 있었다.

●　　　　　　　'나답게 산다'는 것은 어떤 것일까? 나는 영화를 보면서, 나와는 전혀 다른 곳에서 에너지를 얻는 친구의 삶을 생각하면서 자신의 욕구를 따라 살아가는 것이 '나답게' 사는 것이 아닐까 하는 결론에 다다를 수 있었다. 단 이때의 욕구는 '선한' 것이어야 한다. 히틀러 역시 자신의 욕구에 충실한 삶을 살다 간 사람이었지만 그 삶을 나다운 삶이라고 말하는 사람은 아무도 없다. 진정한 '나다움'은 선한 욕구에서 출발해야만 한다. 그리고 개인의 삶을 넘어 타인에게 용기와 희망과 기여를 하는 욕구여야만 한다. 우리는 이것을 '가치'라고 부른다.

가치 있는 삶이란 이처럼 개인의 이기적인 욕망과 이타적인 욕구가 만나는 접점에서 만들어진다. 〈체이싱 매버릭스〉에 나오는 주인공의 삶은 헛되지 않았다. 서퍼들에게는 물론 도전하는 삶을 살고자 하는 많은 이들에게 엄청난 영감을 주었다. 부산의 내 친구는 아들과 함께 자전거로 국토를 종단했다. 나는 그의 도전하는 삶을 보며 엄청난 에너지를 얻었다. 나는 이런 사람들을 '나답게' 살아가는 사람들로 이해하기 시작했다.

● 　　　나는 내 삶을 이끄는 힘, 나만의 드라이빙 포스
(Driving Force)를 찾고 싶었다. 그래서 매일 세 줄의 일기를 썼
다. 그 일기를 통해 타인과 소통할 때 오는 엄청난 에너지를 찾아
낼 수 있었다. 그 후로 나는 글쓰는 일과 강연하는 일에 모든 에너
지를 쏟아부었다. 그 일로 타인에게 기여하는 삶을 살아가기 위해
최선을 다했다. 물론 나를 움직이는 힘을 발견하는 것이 꼭 파도
를 타거나 국토 종단일 필요는 없다. 나는 글을 쓸 때 가장 큰 에너
지를 얻는다는 것을 알았다. 그래서 매일 세 줄의 일기를 지속해서
쓸 수 있었다. 내가 하는 대부분의 스몰 스텝은 채 5분이 걸리지 않
는 아주 작고 사소한 실천들이다. 새벽 6시 이전에 일어나는 일, 일
어나자마자 이부자리를 개는 일, 영어 단어 다섯 개를 매일 외우는
일, 산책을 하며 좋아하는 음악과 팟캐스트를 듣는 일, 이 모두가
나의 숨은 힘 '드라이빙 포스'를 찾게 해주는 단서가 되었다.

　나는 이러한 변화된 삶의 기억을 조금씩 기록하기 시작했다. 하
지만 나의 이 생각에 얼마나 많은 사람들이 공감해 줄지는 확신할
수 없었다. 그저 그날그날 실천한 '스몰 스텝'의 기록을 틈틈이 남
길 뿐이었다.

스몰 스텝 플래너

〈스몰 스텝 플래너〉는 매일의 스몰 스텝을 기록하기 위한 나만의 양식이다. 〈스몰 스텝 플래너〉는 매일 가지고 다니며 수시로 기록하는 것이 좋다.

〈스몰 스텝 플래너〉를 작성할 때는 나름대로 규칙이 있다. '스몰 스텝'은 아주 작고 사소한 실천 리스트여야 한다. 5분 이상 걸리는 '스몰 스텝'은 산책과 같은 특별한 경우를 제외하고는 리스트에 넣지 않는다. 그리고 성공을 의미하는 체크 표시는 하되 실패를 의미하는 × 표시는 하지 않는다. 마지막으로 일주일 이상 실천하지 않은 항목은 리스트에서 과감히 삭제한다. '스몰 스텝'은 목표 달성을 위한 도구가 아니기 때문이다.

1. 맨 왼쪽의 'Keyword' 란에는 자신이 매일 실천하는 스몰 스텝 항목을 기록한다. #시간관리 #관계맺기 #성장 #학습 #소통 #가족 등 큰 분류항목을 적어놓으면 자신이 추구하는 스몰 스텝의 방향성을 한눈에 볼 수 있다.

2. 'Small Steps' 란에는 매일 실천한 스몰 스텝 내용을 기록한다. 이 항목은 시간이 흐를수록 늘어난다. 개수는 크게 상관없다. 자신이 좋아하고 지속할 수 있는 것만 남기는 게 중요하다.

3. '날짜' 란에는 성공한 것만 ✓ 또는 ○ 표시를 한다. 못했다고 해서 ✕를 기록하지 않는다.

Small Step Monthly Planner

Keyword	Small Steps	1	2	3	4	5	6	7	8
# 습관	오전6시전기상	✓	✓	✓	✓	✓	✓	✓	✓
# 성장	하루3줄일기쓰기	✓		✓	✓	✓			✓
# 습관	일어나서이부자리개기	✓	✓		✓	✓		✓	✓
# 학습	영어단어5개외우기	✓		✓	✓	✓	✓	✓	✓
# 학습	일어단어5개외우기		✓	✓		✓	✓	✓	✓
# 소통	낯선이에게인사하기	✓		✓	✓	✓			✓
# 건강	하루만보걷기	✓		✓	✓	✓	✓	✓	✓
# 성장	팟캐스트듣기	✓	✓	✓	✓	✓		✓	✓
# 성장	하루2쪽읽기		✓	✓	✓	✓	✓	✓	✓
# 습관	가계부정리하기	✓	✓	✓	✓	✓		✓	
# 건강	물2리터이상마시기	✓	✓	✓	✓	✓	✓	✓	✓
# 소통	한사람과의대화	✓	✓	✓		✓		✓	
#									
#									
#									
#									

Month. 2020년 1월

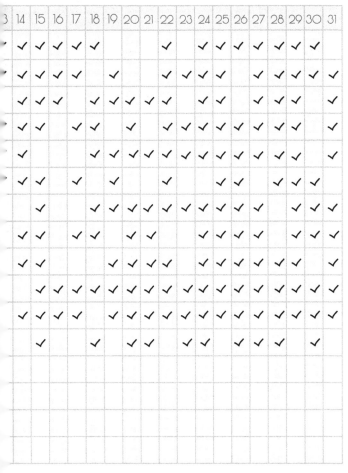

우연한 시작,
'모두'의 스몰 스텝

밤새 알람이 울렸다. 브런치에 올린 글이 폭발한 것이다. '스몰 스텝'에 관한 짧은 단상을 적어 올린 글에 사람들이 열광했다. 1,000건 이상의 공유가 일어나고 수만 건의 조회가 이뤄졌다. 브런치 독자 수가 순식간에 2,000명을 넘어섰다(현재는 3,600명 정도로 늘었다). 급기야 새벽에는 일부러 알람을 꺼두는 수고를 해야 했다. 신기한 경험이었다. 나의 작고 사소하기 짝이 없는 경험이 사람들의 마음을 움직일 수 있다는 사실을 미처 알지 못했다. 그날 밤의 사건은 내게 큰 깨달음을 주었다. 나만의 스몰 스텝이 '모두'의 스몰 스텝으로 옮겨가는 이정표와도 같은 사건이었다.

좋은 일은 연달아 찾아온다고 했던가? 출판사로부터 출간 요청이 뒤를 이었다. 브런치에 써두었던 글을 책으로 옮기는 일은 그렇게 어렵지 않았다. 무엇보다 나의 경험이 실린 글인 만큼 망설임 없이 써내려갈 수 있었다. 좋은 편집자를 만나 글은 더욱 깔끔해졌고, 글에 힘이 실렸다. 2018년 3월 나의 첫 책《스몰 스텝》이 세상에 나왔다. 내 생애 최고의 순간 중 하나로 꼽을 수 있는 날이었다.

● 　　　다행히 첫 책의 평가는 나쁘지 않았다. 페이스북 지인들의 서평이 줄을 이었다. 그해 최고의 책으로 꼽아주신 분도 있었다. 이론이 아닌 실제의 경험을 담은 책인 만큼 나 역시 그 평가들에 떳떳할 수 있었다. 나는 거기에 머물러 있지 않았다. 온오프믹스에 강의를 개설해 직접 독자를 만났다. 비 오는 토요일 오후였다. 대략 여섯 명 정도가 비를 뚫고 강남의 토즈에 마련된 조그만 강의 룸을 찾아주었다. 나는 최선을 다해 강의를 했다. 그중 두 분과는 뒤풀이도 했다. 이분들이 나중에 〈스몰 스텝〉의 가장 강력한 지지 그룹인 운영진이 되어줄 거라고는 상상도 하지 못했다. 나머지 네 분 중 세 분 역시 1년 반이 훌쩍 지난 지금까지 다양한 행사와 모임으로 함께하는 중이다. 의기투합한 우리는 매달 모여 서로의 스몰 스텝을 함께 나누기로 했다. 10명 미만의 작은 모임이 6개월 이상 이어졌다. 그러던 어느 날, 미팅이 길어져 정시에 모임 장

소에 도착했을 때였다. 스무 명 이상의 분들이 좁은 공간에 빼곡히 모여 나를 기다리고 있었다.

살면서 그렇게 주목을 받아본 지가 얼마나 되었을까 싶었다. 희한하게도 비슷한 생각을 가진 사람들이 함께 모였다. 모임의 규모가 점점 커지기 시작했다. 혼자서 관리가 힘든 상황이 왔을 때 10명의 운영진을 모집했다. 운영진 선발은 모두 자발적인 참여로 이루어졌다. 우리는 자주 만났다. 웃음이 떠나지 않았다. 엄청난 에너지가 우리를 사로잡았다. 서로를 격려하고 지지하는 일이 갈수록 자연스러워졌다. 우리가 하는 일은 모두 달랐지만 한 가지 목적만은 가슴 깊이 공유하고 있었다. 우리는 '나답게' 살고 싶어 하는 사람들이었다. 그 삶을 살아가기 위해 나름 고군분투하는 사람들이었다. 그런 사람들이 함께 모이니 다양한 아이디어와 즉각적인 실천이 줄을 이었다.

●   매월 정기모임의 강사를 각자 돌아가며 맡기로 했다. 성공한 누군가의 이야기가 아닌, 우리들의 이야기를 함께 나누기로 했다. 즉석에서 단톡방들이 만들어졌다. 상담 전문가인 윤정 님이 〈3줄 일기방〉을 만들었다. 세환 님의 제안으로 매일매일의 운동을 인증하는 〈강한 남자〉 방이 만들어졌다. 수학학원 원장인

길헌 님이 매일 하나의 수학 문제를 공유하고 함께 푸는 〈매스 스텝〉 방을 만들었다. 영어강사인 성봉 님은 매일 다섯 문장을 함께 학습하는 유튜브를 개설했다. 대기업 교육 담당자인 희원 님은 새벽 6시에 일어나는 〈미라클모닝〉 방을 개설했다. 그렇게 순식간에 10여 개의 단톡방이 만들어졌다. 나는 이 모든 변화에 어리둥절해하고 있었다.

Small Stepper

3줄 일기방

상담 전문가이자 《개떡같이 말하면 개떡같이 알아듣습니다》를 쓴 김윤정 님이 운영하는 방이다. 이 방의 시작은 매일 하루, 세 줄의 일기를 쓰는 것에서 시작했다. 하지만 운영자의 의지와 참여자들의 아이디어가 더해져 매일 한 가지 질문을 던지고 답하는 지금의 형식으로 진화해 가고 있다. 오늘의 3줄 일기방은 다음과 같은 질문으로 하루를 시작했다.

"오늘 아침 기분 어떠세요? 이번 주 고생한 자신과 가족을 위해 오늘 저녁에는 뭘 하면 좋을까요?"

이 질문에 사람들이 하나둘 답하기 시작한다. 이 과정을 통해 참여자들은 일상에 숨은 자신의 욕구를 하나둘씩 발견해 간다. 스스로를 '공감통역사'로 이름 지은 윤정 님의 따뜻한 한마디가 일상에 지친 사람들에게 새 힘을 준다. 아주 가끔은 온라인 화상통화 서비스를 통해 서로의 이야기를 직접 나누기도 한다.

· ·

《3줄 일기방》
매일 세 줄의 일기를 쓰고 사진으로 인증합니다(참여코드 : three).
https://open.kakao.com/o/gx3ajdtb

Small Stepper

강한 남자

초창기 이 방에 참여하기 위해선 웃통을 벗어야 했다. 강남 방으로 불리는 이 방만의 신고의례였다. 스쿼트, 벤치프레스, 팔 굽혀 펴기, 레그 레이즈, 플랭크, 악력기, 발 뒤꿈치 들기 등 실내에서 할 수 있는 간단한 운동들이 총동원된다. 누군가는 사무실에서 벽을 잡고 운동을 한다. 매일 스스로 정한 운동을 마친 사람들이 이름과 함께 횟수를 올린다. 운동의 생활화를 위한 각양각색의 다양한 아이디어들이 눈길을 사로잡는다. 하지만 과유불급, 강한 운동보다는 지속가능한 운동이 중요하다. 손은 좁게, 낮은 위치로, 어깨보다 가슴 위치로 하면 가슴과 팔 근육 전체에 영향을 준다고 한다. 역시 어깨는 넓어야 제맛이라는 세밀한 조언도 쉽게 들을 수 있다. 쉬운 듯하면서도 어려운 것이 운동이다. 잠깐 1분만 해도 효과가 있는 걸 하지만 그걸 따라 하기가 여간 어려운 일이 아니다. 하지만 이 방에선 그게 가능해진다. 스몰 스텝의 숨은 힘이다.

〈강한 남자〉
푸쉬업 등의 운동을 하고 인증하는 방입니다(사진 인증을 위해 남자 참가자만 받습니다).
https://open.kakao.com/o/gaBLSHvb

Part 2 평범한 사람들의 비범한 이야기 I

매일 두 쪽의
책을 읽는 사람들

평일 낮의 김포공항은 다소 한가했다. 비행기 시간을 다시 확인했다. 약 1시간 정도의 시간이 남아 있었다. 그는 갑작스럽게 주어진 많은 시간이 다소 버겁다고 생각했다. 무엇부터 해야 할지 알 수 없었다. 〈쇼생크 탈출〉에 나오는 흑인 배우가 수십 년의 수감생활을 마치고 나오던 그 장면이 떠올랐다. 그가 느낀 당혹감과 막막함이 이런 것은 아니었을까? 그는 어제의 일을 마치 방금 전 일처럼 기억할 수 있었다. 그는 막 회사에 사표를 던진 참이었다. 무려 10여 년간 다닌 회사였다. 아침 7시 출근과 11시 퇴근을 매일같이 반복했다. 밤 10시면 치킨과 탕수육을 먹으며 그 생활을 버텼다. 하지만 그 부담은 고스란히 몸으로 옮겨왔다. 80kg이던 체중이 어느덧 120kg을 넘어서고 있었다. 이대로는 안 되겠다 싶었다. 살기 위해 사표를 낸 것인지도 모를 일이었다. 회사가 그를 잡았다. 3개월의 유급휴가를 받았다. 그는 일단 제주도 여행을 떠나기로 마음 먹었다. 그 첫날의 여행이 이제 막 시작되던 참이었다.

● 다소 무료해진 그는 공항의 서점에서 책 한 권을 집어 들었다. 《독서 천재가 된 홍대리》라는 책이었다. 평소라면 마음의 여유가 없어서라도 읽지 않았을 책이었다. 그는 곧 책에 빠져들었다. 그리고 '이 책에서 한 말이 사실이라면, 나도 그렇게 살아 보고 싶다'라는 생각이 들었다. 그런 생각이 자석처럼 그의 생각과 몸을 한꺼번에 붙들기 시작했다. 여행 기간 내내 그는 책에 빠져 살았다. 한 번도 경험해 보지 못한 뿌듯한 만족감이 그를 행복하게 만들었다. 다시 서울로 돌아온 지 한 달째 되던 날, 그는 두 번째 사표를 던지고 회사를 나왔다. 이번엔 회사가 1년의 휴가를 제안해 왔다. 그러나 그는 흔들리지 않았다.

그는 바로 독서모임부터 찾았다. 그가 가장 먼저 찾은 곳은 〈삼천포〉라는 이름의 독특한 독서모임이었다. 책을 읽다 보면 삼천포로 빠진다 해서 생긴 재미있는 이름이었다. 이후에도 다른 독서모임들을 찾아다녔다. 그렇게 찾은 곳이 〈트레바리〉, 그다음엔 〈성장판)을 만났다. 거기서 그는 메모 독서를 배웠다. 이제 책과 독서는 그의 인생에 있어 빠질 수 없는 존재로 완전히 자리잡고 있었다.

"메모 독서를 하기 전까지는 그해에 24권의 책을 읽었어요. 아마 5월이 아니었나 싶어요. 그런데 메모 독서를 시작한 이후 그해에만 100권이 넘는 책을 읽었죠. 책의 참맛을 알게 되었달까요. 시간을 내서 책을 읽기 시작했어요. TV나 영화 대신 독서를 했죠. 책의 내용을 옮겨 적으면서 나만의 글이 나오기 시작했어요. 쓰고 싶다는 욕망은 책을 다시 읽게 만들었어요. 그 욕망이 다시 더 깊은 독서로 이어지곤 했죠. 이제는 두꺼운 책이 두렵지 않습니다. 그래봐야 한 권의 책일 뿐이니까요."

● 이제 그의 책 읽기는 평범한 수준을 넘어서고 있었다. 그는 책 한 권을 모조리 필사하기도 했다. 80%의 내용을 필사한 책만 다섯 권에 달했다. 그렇게 읽고 에버노트에 메모한 책이 무려 261권에 이른다. 읽고 쓰는 모든 책이 그의 삶에 축적되기 시작했다. '필사는 손으로 하는 명상'이라는 말을 비로소 이해할 수 있었다. 그와 대화를 해본 사람이라면 누구나 알고 있을 것이다. 하나의 이야기가 시작되면 바쁘게 스마트폰을 검색하는 그의 모습을. 그리고 주제와 상황에 맞는 기막힌 구절을 꺼내놓을 때의 그의

뿌듯한 표정을. 그래서 생긴 그의 별명은 '명언 자판기'이다. 한 번은 "왜 누군가는 책을 읽고 나서도 그대로인데, 당신은 그렇게 변할 수 있었느냐?"고 물었다. 스마트폰을 들여다 보던 그의 대답은 오래 걸리지 않았다.

"조급해하기 때문이 아닐까 생각해요. 사람들은 빨리 책의 결론을 알고 싶어 하거든요. 마음을 열지 않고 독서를 한다고 생각해요. 하지만 어떤 마음가짐으로 책을 대하느냐에 따라 전혀 다른 독서를 경험하곤 해요. 독서는 인간관계와 같아요. 천천히 오랜 시간을 두고 만나봐야 하죠. 때로는 싸우기도 해야 해요. 제대로 읽었다면 바뀌지 않을 수 없어요. 읽고 말 것인가? 행동할 것인가? 제겐 그 실천의 방법이 '하루 두 쪽 읽기'인 셈이에요."

● 〈스몰 스텝〉에는 20여 개 남짓한 단톡방들이 있다. 그중 가장 많은 사람이 참여한 단톡방 중 하나가 바로 〈하루에 2쪽 책 읽기〉 방이다. 이 방의 룰은 간단하다. 자신이 읽고 있는 책의 페이지를 사진으로 찍어 인증하는 것이다. 그 후엔 읽은 책의 제목을 자신의 이름과 함께 리스트에 올린다. 매일 30~40명에 달하는 사람들이 같은 방식으로 자신이 읽은 책을 인증한다. 자연스럽게 시너지가 난다. 때로는 경쟁으로, 때로는 자극으로 함께 읽는

독서의 힘은 실로 어마어마하다. 두 쪽 읽기가 결코 두 쪽으로 끝나지 않기 때문이다. 책 한 권을 완독했다는 고백들을 어렵지 않게 만날 수 있다. 문득 '최대정지마찰력'을 가르쳐 주시던 중학교 선생님의 설명이 기억이 났다. 선생님은 그날 아무 말 없이 교탁을 힘을 주어 밀었다. 처음에는 꼼짝 않던 교탁이 서서히 움직이기 시작했다. 그리고 뭔가 알아낸 게 없냐는 듯 우리를 바라보았다. 그렇게 몇 번을 반복하자 한 아이가 손을 들고 말했다.

"처음 힘을 줄 때가 가장 힘이 듭니다. 그다음엔 교탁이 쉽게 움직입니다."

하루 두 쪽의 책 읽기는 바로 이 최대정지마찰력을 이겨내는 보이지 않는 힘이다. 두 쪽을 읽고 끝낼 수도 있다. 그러나 많은 경우 한 번 탄력을 받은 독서는 거기서 그치지 않는다. 이뿐만이 아니다. 그는 두 쪽 읽기와 함께 매일 두 줄의 필사를 한다. 정약용은 자신이 읽은 책의 내용에 생각을 덧붙여 자신만의 독서 기록을 후세에 남겨 놓았다. 그것을 '초서'라고 한다. 2018년 5월 24일 이후 무려 460일간, 그는 정약용처럼 독서의 흔적을 빼곡히 기록해 왔다. 책은 도끼처럼 그의 생각을 부수었다. 그때 그는 비로소 깨닫게 되었다. 세상이 그를 힘들게 한 것보다 자신이 스스로를 한계지어 왔다는 사실을…. 그는 비로소 '선택할 수 있는' 자유를 얻었다. 그간 반복해온 삶의 실수들을 하나씩 하나씩 바로잡기 시작했다. 그래서 그는 스스로를 '오류'라고 부른다. 삶의 오류를 수정하는 방법이, 그에게는 바로 독서와 글쓰기였던 것이다.

> "친구들이 모두 저보고 달라졌다고 말합니다. 말과 행동이 모두 달라졌다나요. 엄청 수다스러워졌죠. 대화의 주제가 달라지고, 사람을 만나는 만족도도 엄청 높아졌어요. 그렇게 책을 읽으면서 저 자신을 찾고 있어요. 같은 책을 읽어도 남이 찾지 못하는 명문장들을 찾을 수 있는 안목도 생겼구요. 무엇보다 저답게 살고 있어서 좋은 것 같아요. 예전에는 남들에게 보여주기 위해 책을 읽었다면, 이젠 독서 그 자체가 유희가 되었달까요. 언젠가는 이런 경험을 담은 책을 한 권 꼭 쓰고 싶어요. 기회가 된다면 강연도 해보고 싶구요."

●   우리는 오랫동안 거대하고 대단한 것들에 열광해 왔다. '2등은 아무도 기억하지 않는다'는 광고 카피는 1등 회사에 의해 만들어진 것이 아니다. 우리 모두의 동의에 의해 만들어진 말이다. 하지만 이제는 그 신화에 조금씩 금이 가고 있다. '최고'가 '전부'는 아니라는 조그마한 반란들이 계속되고 있다. 이제 사람들은 '평범한' 사람들에 관심을 가지기 시작했다. 석헌 님의 독서 경험이 인상 깊었던 건 그래서였다. 공감할 수 있는 실패, 공감할 수 있는 용기, 그 사람이 바로 내 옆에서 살아 숨 쉬는 사람이라는 사

실이 유명한 누군가의 이야기보다 더 큰 울림을 주었다. 그와 함께 〈스몰 스텝〉 모임을 함께해 온 지도 어느덧 1년을 넘어섰다. 하지만 독서와 글쓰기를 이야기할 때 홍조 띤 그의 표정은 전혀 달라지지 않았다. 그 이유가 무엇일까? 무엇이 그를 그토록 생기 넘치게 만들고 있을까?

그를 만나고 돌아오는 길, 문득 그가 읽어준 몽테뉴의 문장 하나가 떠올랐다. 책을 읽을 때, 독서를 이야기할 때, 함께 글쓰기를 고민할 때, 그리고 강연을 할 때, 그는 어느 때보다도 그다워지고 있었다. 그제서야 나는 고개를 끄덕일 수 있었다.

"이 세상에서 가장 위대한 경험은 자기가 저 자신임을 이해하는 것이다."
– 〈위로하는 정신〉 슈테판 츠바이크, p.113

〈오류 정작가의 오류 연구소〉
정석헌 님의 블로그 https://vic-unde.tistory.com/

Small Stepper

하루에 2쪽 책 읽기

200여 명의 사람들이 매일 자신이 읽은 책의 페이지를 인증한다. 최소 단위가 2쪽이다. 자신이 읽은 책의 펼침면을 사진으로 인증하는 형식이다. 방장인 정석헌 님은 자신이 읽은 책의 구절을 수시로 공유한다. 그의 스마트폰은 자신이 읽은 책의 메모로 빼곡하다. 그중에서 엄선된 내용들을 방원들과 공유한다. 리스트에 올라온 책 제목과 인증 사진의 2쪽을 읽는 것만으로도 충분할 때가 있다. 하지만 이 방의 이름엔 함정이 있다. 이들이 말하는 하루 2쪽은 상징적인 숫자다. 2쪽이 10쪽이 되고, 10쪽이 100쪽이 된다. 그러니 혹시라도 하루 2쪽으로 어떻게 몇십, 몇백 권의 책을 읽는지 묻지 말라. 적어도 이 방에서는 우문일 수 있기 때문이다.

〈하루에 2쪽 책 읽기〉
매일 두 쪽의 책을 읽고 사진으로 인증합니다(참여코드 : 2page).
https://open.kakao.com/o/gmWUNwqb

Small Tips 03

위클리 디자인 플래너

〈스몰 스텝 플래너〉가 매일의 스몰 스텝을 기록하기 위해 만들어졌다면 〈위클리 디자인 플래너〉는 질문을 통해 자신의 삶을 성찰하기 위해 만들어진 도구이다. 매주 한 번, 주말 시간을 이용해 정해진 질문에 짧게 답하는 형식이다. 한 주간에 있었던 의미 있던 성공, 설레이는 만남, 배움의 순간, 뿌듯했던 경험을 떠올려 다시 기록한다. 〈위클리 디자인 플래너〉를 통해 자신의 삶에서 가장 중요한 것이 무엇인지를 다시 한번 확인할 수 있다. 질문과 양식은 '질문디자인연구소'의 박영준 소장님께 제공받았다.

1. 〈위클리 디자인 플래너〉의 구성은 간단하다. 만다라트 구조처럼 노트의 한 가운데에 한 주 동안의 '의미 있던 성공' '설레이는 만남' '배움의 순간' '뿌듯했던 경험' 등의 질문을 적는다.
2. 이 질문에 대해 10가지의 주요한 만남과 경험을 기록하는 것이 전부다. 해시태그를 이용해 짧은 키워드를 함께 기록하면 더욱 좋다.

Small Step Weekly Planner

어지럼증 재검사 #안도 #감사	〈독깨비〉 신년회 #즐거움	배만아카데미 망고보드 교육 참여 #신기
운영의 변화 #배움	의미 있던 성공, 설레는 만남, 배움의 순간, 뿌듯했던 경험은?	《스몰 브랜딩의 힘》 성공적인 북토크 #안도
여성리더십 관련 인터뷰 #말의힘 #전환		북파크 3층 재발견 #신남
〈쓰닮쓰담〉 2기 마지막 모임 #감사	이사 결정 #발품 #배움	《트렌드 코리아 2020》 독서 #실행 #독서

www.천그루숲.com의 자료실에서 양식을 받을 수 있습니다.

어느 직장인의
특별한 사생활

　회사를 다니는 사람들은 나오고 싶어 한다. 이미 나온 사람들은 월급을 그리워한다. 다람쥐 쳇바퀴 돌듯 돌고 도는 공식이다. 이 쳇바퀴를 빠져나오는 방법은 환경이 아닌 자신을 바꾸는 방법뿐이다. 그것이 가능하다면 회사 안인지 밖인지는 크게 의미가 없다. 이 답을 찾지 못하는 사람들은 회사 안에 있든 회사 밖에 있든 모두가 지옥이다. 그래서 질문을 바꿔야 한다. 회사를 나갈 것인지 회사에 남을 것인지가 아니라, 가장 '나다운 삶'이 어떤 삶인지를 고민해야 한다.

●   여기 한 직장인이 있다. 대기업에서 교육 업무를 하고 있다. 그런 그녀가 〈독깨비〉란 독서모임을 한 지는 2년이 넘었다. 최근에는 정부의 지원을 받아 새로운 프로그램을 진행 중이다. 바로 책이 있는 공간을 투어하는(탐방하는) 프로그램이다. 이 두 가지 모임만 해도 벅찰 텐데 그녀는 〈스몰 스텝〉의 원년 멤버다. 벌써 해를 넘기며 정기모임을 함께 진행하고 있다. 물론 아무런 보상도 대가도 없다. 누군가가 이 일을 강요한 것도 아니다. 그녀를 보고 있노라면 직장인이 '바빠서' 하지 못한다는 모든 핑계는 변명처럼 들린다. 그녀는 요즘 회사 일로 누구보다 바쁘다. 그런데 얘기하지 않은 프로그램이 한 가지 더 있다.

2019년 초 스무 명이 넘는 직장인과 일반인들이 모여 〈디자인 2019〉란 프로그램을 진행했다. 함께 모여 다양한 성찰의 질문에 스스로 답하며 한 해의 계획을 세워보는 모임이었다. 이렇게 말하면 얼추 그저 그런 모임이겠거니 싶을 것이다. 하지만 이 모임은 5시간 동안 거의 쉼 없이 진행되었다. 그럼에도 참석자들은 '아쉽다'는 반응이다. 주말 오전과 오후의 5시간을 쏟아부을 만한 가치가 충분한 프로그램이었다. 이후 참석자들은 매주 자신의 한 주를 돌아보는 프로그램을 각자 수행하고 다시 모여 중간점검 워크숍을 진행했다. 이번에도 스무 명 넘는 참석자들이 이 강행군에 기꺼이 참여했다. 그녀는 이 프로그램의 준비가 즐거운 듯했다. 무엇보다 '자신

있다'고 했다.

그녀를 보고 있자면 이런 의문이 든다. 도대체 무엇이 그녀를 이 토록 열정적인 사람으로 만들고 있는가? 지난해 봄 호주를 다녀온 그녀는 올해 여름 몽골에 다녀왔다. 그녀의 일주일을 들여다 보면 철인의 삶을 보는 듯하다. 호기심과 열정이란 말로는 그녀를 설명 하기 식상하다. 나는 그 답을 그녀의 예명에서 찾았다. 그녀는 '평 온한 액터정'이란 이름을 스스로에게 붙였다. 일종의 개인 브랜딩 인 셈이다. 평온하면서도 액티브한 삶이 어떤 건지는 그녀를 보면 알 수 있다. 평소엔 한없이 부드러운 사람처럼 보이다가도, 자신에 게 자극을 주는 사람이나 프로그램을 만나면 두려움 없이 실천한 다. 그녀에게 삶은 명사가 아니라 '동사'다. 그녀를 통해 사람이 사 람으로 연결되고, 기회가 기회로 이어진다.

●   회사생활이 무료한가? 그녀의 삶을 벤치마킹해 보라. 회사 밖으로 나가고 싶은가? 그녀의 삶을 들여다 보라. 회사 안에서도 충분히 회사 밖의 자유로움을 만끽할 수 있음을 발견할 수 있을 것이다. 자신이 어디서 에너지를 얻는지 아는 사람은, 그 리하여 그곳에만 에너지를 쏟을 수 있는 사람은, 같은 시간과 같은 공간을 살아도 남다르게 살아간다. 그렇게 만들어진 에너지는 홀

러넘치기 마련이다. 그녀는 지금도 매일 글을 쓰고, 낭독을 하고, 다이어트를 하고, 〈스몰 스텝〉의 다양한 모임을 기획하고 운영한다. 최근 들어 매일 야근을 하면서도 그 삶은 도무지 흐트러질 기미가 보이지 않는다. 그녀는 평범한 직장인이다. 그러나 그 삶은 더 이상 평범하지 않다. 한없이 평온하면서도 뜨겁게 역동적인 그녀의 특별한 삶은 지금도 여전히 현재 진행 중이다.

〈평생 성장을 꿈꾸는 액션 모티베이터 ♡ 평온한 액터정〉
정희원 님의 블로그 http://bit.ly/37DLVAp

Small Stepper

미라클모닝

새벽 3시면 기상을 알리는 인증 사진이 올라온다. 새벽 5시를 넘긴다면 조금 늦게 일어난 것이다. 새벽 6시를 넘겨 이 방에 들어온다면 당신은 늦잠을 잔 것이다. 〈미라클모닝〉은 새벽을 깨우는 사람들이 모인 방이다. 6시 전에 일어나 시간이 표시된 사진을 올려 인증을 하는 룰이 있다. 6시 이후에 일어난다면? 미안하지만 '2부 리그' 리스트에 이름을 올려야 한다. 하지만 이 방에서 중요한 것은 일찍 일어나는 것 자체가 아니다. 그 시간에 무엇을 하느냐가 더 중요하다. 이들은 이 시간에 독서를 하고 글을 쓰고 명상을 하고 운동을 한다. 부정기적으로 오프라인 모임도 한다. 강남에 있는 호텔에서 조식을 먹으며 수다를 떤다. 창조적인 하루를 경험하고 싶다면(?) 이 방에 들어오라. 그저 함께하는 것만으로도 당신은 달라질 것이다.

· ·

 〈미라클모닝〉
매일 새벽 6시 이전에 일어나 사진으로 인증합니다(참여코드 : mimo6).
https://open.kakao.com/o/gst3qMFb

영어를 사랑한다면,
이 사람처럼

영어교육학과 출신인 그가 입대를 했다. 내무반 첫날, 고참이 영어로 자기소개를 시켰다. 어떤 이유에선지 그는 한마디도 하지 못했다. 물밀듯 밀려드는 부끄러움과 낭패감이 그날 밤 그를 짓눌렀다. 그날부터였다. 부대 화장실에 쪼그려 앉아 영어공부를 시작했다. 그러던 그가 지금은 7년 차 영어강사가 되어 기업과 개인을 상대로 영어를 가르친다. 그는 한 번도 외국에서 공부하지 않은 토종(?) 영어강사다. 그럼에도 그는 CIA와 FBI에서 일했던 최고 영어강사의 조교로 선택될 만큼 실력을 인정받았다.

무엇보다 그는 영어를 좋아한다. 그의 가장 큰 꿈이 하루 종일 영어를 공부하는 것이다. 영어를 잘하려면 우선 영어를 좋아해야 한다는 사실, 그가 숱한 영어강사들과 뚜렷이 구별되는 이유가 바로 누구보다 영어를 좋아하고 사랑하기 때문이다.

● 부끄럽지만 나도 영어를 공부해 왔다. 하루 다섯 개씩 영어 단어를 3년 이상 외우고 있는 중이다. 하지만 왜 영어를 공부하냐는 질문을 받을 때면 한참을 고민하다 머리를 긁적이곤 한다. 조금씩 늘어나는 어휘력과 미드에서 영어가 조금씩 들리기 시작하는 즐거움(?), 그것만으로 영어공부를 지속해야 할 충분한 이유가 될까?

그러던 어느 날 페이스북을 통해 그를 만났고, 요즘은 이런저런 이유로 지나치게(?) 자주 만난다. 그러면서 영어를 공부해야만 하는 또 하나의 이유를 갖게 됐다. 나이가 들어 이태원을 편하게 찾고 싶고, 여유가 되면 외국에도 자주 나가고 싶다. 그들에게 '어떻게 하면 가장 '나답게' 살 수 있는지?'를 영어로 물어보고 대화하고 싶다. 문화와 환경과 가치관이 다른 그들의 생생한 이야기를 들어보고 싶다. 그리고 그 내용을 담아 한 권의 책을 쓰고 싶다. 그런 목표가 생기니 영어에 조금씩 욕심이 생기기 시작했다. 내가 그를 좋아하고 자주 만나는 가장 큰 이유이다.

● 　　　　그에게 영어를 왜 좋아하냐고 물었다. 그는 곰곰이 생각하더니 명함을 꺼내 보여주었다. 명함에는 '사람을 살리는 영어'라고 적혀 있었다. 사람을 살린다는 말은 무슨 말일까? 사실 생각해 보면 어렵지 않다. 우리는 영어를 하나의 권위처럼 어렵게 생각한다. 우리가 영어를 '특별하게' 생각하기 때문이다. 버터 발음에 아주 쉽게 주눅 들기 때문이다. 그렇다면 만일 영어에 익숙해질 수 있다면, 의사소통을 위한 편리한 도구로 원래의 목적을 회복할 수 있다면, 하고 싶은 일의 기회와 정보를 더 많이 제공할 수 있다면, 전 세계의 다양한 생각과 지식들을 더 쉽게 접할 수 있다면, 그 사람은 살아나지 않을까?

그는 생각에만 머무르지 않았다. 지난 1년여 동안 100개의 문장을 꾸준히 유튜브로 공유해 주었다. 각각 다섯 개의 문장으로 구성된 영상은 아주 실용적이다. 언제고 한 번은 쓸만한 일상의 문장들이다. 어려운 단어는 하나도 들어 있지 않다. 내가 〈성봉영어〉에 매료된 이유가 바로 그 때문이다. 누구나 알 수 있는 단어인데도 현장에서 바로 쓸 수 있는 살아 숨 쉬는 생생한 영어, 그는 이런 영어 문장을 '수집'한다고 했다. 영화나 미드나 다른 영어 교재에서 정말로 유용하게 쓰일 단어들을 찾고 찾고 또 찾는다고 했다. 그가 영어를 좋아하기 때문이다. 사랑하기 때문이다. 그 영어로 인해 '살아날' 나 같은 사람들을 생각하기 때문이다.

• 　　　　세상엔 참으로 많은 영어강사가 있다. 학원과 프로그램과 교재가 넘쳐난다. 하지만 그처럼 영어를 '좋아하는' 사람은 드물 것이다. 그는 수시로 원어민들을 찾아다닌다. 영어에 대한 그의 갈급함은 끝이 없다. 그럼에도 큰 학원에서 유명한 강사가 될 생각은 없다고 했다. 이미 그런 경험을 해보았기 때문이다. 학원이 커질수록, 수강생이 늘어날수록 영어교육의 질은 떨어질 수밖에 없다는 사실을 확인했기 때문이다. 그래서 그는 스몰 스텝을 통해 새로운 프로젝트를 시작했다. 이제는 온라인에 머무르지 않고 직접 만나기로 한 것이다. 토요일 오전 여의도의 한 카페에서 만나 영어책을 읽기로 했다. 참가자는 자신의 수준에 맞는 영어책을 가져와 읽기만 하면 된다. 그리고 그 내용들을 나누며 그로부터 직접 조언을 받을 수 있다. 흔한 독서모임의 영어 버전인 셈이다.

• 　　　　다시 말하지만 그는 평범한 영어강사다. 하지만 그는 스몰 스텝을 통해 영어를 전파하고 있는 중이다. 〈성봉영어〉 단톡방에는 매일 다섯 개의 문장을 사진과 영상으로 인증하는 사람들이 꾸준히 늘고 있다. 그로 인해 영어에 대한 생각이 바뀌었다는 사람들도 점점 늘어간다. 그는 이제 조금씩 비범해지고 있다. '성봉영어'라는 하나의 분명한 브랜드로 성장해 가고 있다. 나는 그

의 이런 성장을 보는 일이 기쁘고 즐겁다. 영어도 잘하는데 잘생기기까지 했으니 질투가 날 법도 한데 영어를 사랑하는 그의 순수함에 매료된 지 오래다. 그리고 무엇보다 영어가 좋아졌다. 선생님이 좋아지면 그 과목이 좋아지듯이…. 그래서 오늘도 나는 다섯 개의 문장을 외운다. 이태원에서 만나는 외국인과의 담소라는 소박하지만 원대한 나만의 꿈을 이루기 위해서.

〈이성봉TV SBTV〉
이성봉 님의 유튜브 http://bit.ly/SBTV1004

Small Stepper

성봉영어

　하루 다섯 문장의 유튜브 동영상을 공유하는 방이다. 동영상 길이는 대략 5분 정도, 아무리 길어도 10분을 넘기지 않는다. 경력 7년 차의 영어강사가 2~3일 간격으로 새로운 내용을 업데이트한다. 하지만 이 다섯 문장은 그냥 만들어지지 않는다. 현지인들이 쓰는 말이지만 어렵지 않은 단어로 구성된, 그야말로 당장 쓸 수 있는 생생한 문장들로만 올라온 영상이 벌써 100개를 넘었다.

　토요일 오전에는 격주로 〈토요원서미식회〉가 진행된다. 각자가 가져온 원서를 1시간 동안 함께 읽는 모임이다.

　이 방 사람들은 조만간 미국 여행도 계획하고 있다. 영어를 통해 자존감을 회복하고, 영어를 통해 새로운 기회를 모색하는 사람들이다. '영어가 사람을 살린다'는 이 방의 모토는 바로 이런 의미를 담고 있는 것은 아닐까?

 〈이성봉영어_스몰스텝방〉
현직 영어 강사가 엄선한 영어 단어 5문장을 유튜브로 학습합니다(참여코드 : sbtv).
https://open.kakao.com/o/gyBPAAhb

회사가 힘들다고 말하는
당신에게

　나는 아직도 그의 이름을 잘 모른다. 필명은 나코리다. 그를 언제 처음 만났는지도 확실치 않다. 그는 그만큼 평범했다. 그에 대해 관심을 가지게 된 건 영화를 추천한 그의 블로그 글 때문이었다. 고마츠 나나가 나오는 두 편의 영화였는데, 직접 보니 아재를 위한 감성 폭발의 영화였다. 이후로 나는 관련된 영화와 소설까지 찾아볼 정도로 고마츠 나나의 숨은 팬이 되었다. 그리고 적지 않은 나이의 이 남자가 궁금해졌다. 그런 그를 〈사람책〉이라는 행사에서 만났다. 혼자서 기획과 모객을 모두 담당한 행사였다. 영화적 감상과는 또 다른 모습이었다. 놀랍게도 강연장이 가득찰 정도로 뜨거운 모임이었다. 첫 번째 행사의 성공으로 앵콜 요청으로 이어졌다고 했다. 지극히 평범한 사람들의 15분간의 이야기, 하나의 주제를 다루지만 5개의 색다른 이야기. 이 모두가 한 개인의 기획으로 이뤄진 것이라고? 믿을 수 없어서 그의 블로그를 다시 찾았고, 빼곡히 쌓인 그의 글들을 보고 고개를 끄덕였다. 사람들이 모인 데에는 그만한 이유가 있었다. '나코리'란 이름은 이미 '브랜딩'되어 있었다.

●   어느 화창한 초여름의 어느 날, 선릉역 인근에서 그를 다시 만났다. 다양한 스타트업들이 자신의 비즈니스를 소개하는 스타트업 얼라이언스 모임에서였다. 〈스몰 스텝〉이 인연이 되어 운영진으로 인사한 후 처음이었다. 함께 아침을 먹으며 이런저런 이야기를 나누었다. 알고 보니 그는 대기업 전략기획실에서 일하고 있었다. 그제서야 탁월한 기획력의 실체를 알 수 있었다. 그리고 지금은 휴직 중이라고 했다. 그런데도 1인 기업으로 일하는 나보다 몇 배는 바빠 보였다. 사내강사로 강의를 시작한 그는, 직장에 다닐 때는 연차가 부족할 정도로 외부강의가 많았다고 했다. 강의 대상도 다양해 일반 직장인을 대상으로 한 강의도 있었지만, 아이들을 위한 독서지도 강의도 하고 있었다. 조만간 회사를 나올 것 같아 넌지시 그에게 물어보았다. 그러자 확신에 찬 답이 돌아왔다.

"저는 정년퇴직이 목표입니다."

● 　　　　회사를 다니는 사람은 누구나 퇴사를 꿈꾼다. 퇴사한 사람들은 월급을 갈망한다. 회사 안은 감옥이다. 그러나 회사 밖은 지옥이다. 이렇듯 차악을 선택해야 하는 게 우리의 현실이라면, 나코리란 사람의 이중생활을 훔쳐보는 건 어떨까? 회사 안에서도 인정받는 그다. 전략기획실 근무가 아무에게나 주어지는 자리가 아니라는 것쯤은 모두가 잘 안다. 그럼에도 그는 회사에 의존하지 않았다. 회사생활의 생리를 꿰뚫고 있었다.

그가 최근에 쓴 브런치 글은 그런 회사생활의 명과 암을 선명하게 보여주고 있었다. 회사 안의 동물원 같은 생존방식에 관한 그의 글은 생생하다 못해 섬뜩하기까지 했다. 하지만 그는 회사 밖의 현실도 너무나 잘 알고 있었다. 퇴사는 결코 낭만적인 선택일 수 없다. 감옥에서 지옥으로 향하는 지름길이다. 그리고 그는 자신이 다니는 거대한 회사에 의존하지도 않았다. 다양한 강의 경험은 그 절실함이 만들어 낸 일종의 솔루션이었다. 회사 안에서 회사 밖의 자유를 지향하는 삶, 회사의 명함에 의존하지 않고 자신의 능력으로 개척하는 삶, 그런 도전적인 삶을 향한 의지의 결과였다. 그는 감옥과 지옥 사이 어딘가의 자유지대를 여행하는 노마드의 삶을 살고 있었다.

나는 솔직히 그의 삶이 부럽다. 회사 안의 안정과 회사 밖의 자유를 동시에 누리고 있으니 말이다. 나는 왜 회사를 다닐 때 그와 같은 깨달음을 얻지 못했던 것일까 후회한 적도 있다. 그때는 생존이 전부였고, 살아남는 게 전부였고, 월급이 전부였다. 회사 밖을 나오는 순간 인생의 루저가 될 것 같았다. 그러면서도 그 절박함을 성과로 이어가지 못했다. 하지만 회사에 목을 메는 사람은 회사에 필요치 않은 존재다. 진짜 회사가 필요로 하는 사람은 언제든 회사를 떠날 수 있는 '차별화'된 사람이다. 물론 그런 사람을 만나기란 얼마나 어려운가? 회사 안에서 인정받기 위해 가족과 건강과 자신의 인생 모두를 거는 사람을 숱하게 보아왔다. 그러나 그런 사람일수록 회사를 나오는 순간 'Nothing'이 된다. 명함이 사라지는 순간 평범해진다. 아마 나코리 역시 그런 모습을 많이 보았을 것이다. 그리고 나름대로의 생존법을 찾았을 것이다. 그 모습이 지금의 '나코리'란 이름을 만들어 냈을 것이다.

●   그는 정년퇴직이 목표라고 했다. 그런데 나는 이 말을 조금 다르게 해석하는 중이다. 그는 회사에서 살아남는 것을 최종의 목표로 삼는 사람이 아니다. 오히려 사이드잡의 화려한 유혹에 넘어가지 않기 위해 애쓰고 있는 중이다. 그것이 일반 직장인과 그를 구분짓게 한다. 그것이 어쩌면 그의 삶에 넘치는 활력의 원천이 아닐까 생각해 본다.

회사 안의 안정과 회사 밖의 자유를 동시에 누리는 나코리의 이중생활은, 어쩌면 매주 월요일 아침마다 퇴사를 꿈꾸는 당신에게 제3의 선택지를 선물할 지도 모른다. 그러니 그의 이중생활에 주목해 보자. 그가 하는 활동들을 따라가 보자. 감옥과 지옥 사이를 넘나드는 그의 여정을 함께해 보자. 어쩌면 당신도 그처럼, 가장 자기다운 삶이 선물하는 '차별화'라는 무기를 갖게 될지도 모른다. 차악만을 선택할 수 있는 시대에 최선의 삶을 쟁취하는 놀라운 삶의 모멘텀에 서게 될지도 모른다. 그의 이중생활은 그래서 무죄다.

나코리 님의 브런치
https://brunch.co.kr/@socialbroker

Small Stepper

나는 사람책을 읽기로 했다

이 모임을 기획한 나코리는 말한다. 강사들의 강의는 미끼일 뿐이라고. 진짜 모임은 치맥과 함께하는 뒤풀이에서부터 시작된다고. 어쩌면 이 말은 사실일지 모른다. 평범한 사람들의 15분 강의가 끝나고 나면 사람들은 뒤풀이에서 서로의 진가를 발견한다. 이런 과정을 통해 정기모임의 강사가 선정되기도 한다. 부담없는 시간, 부담없는 사람, 그리고 부담없는 이야기가 〈사람책〉의 매력이다. 나도 언젠가 강사가 될 수 있다는 가능성을 확인하는 모임이다. 서로의 숨은 모습을 발견하는 과정을 통해 자극을 주고받는 시간이다. 그래서 〈사람책〉 모임이 있는 날, 약수역 인근의 치킨 전문점은 때아닌 호황을 누리고 있다. 이 뜨거운 모임이 날이 갈수록 열기를 더해가고 있기 때문이다.

〈나는 사람책을 읽기로 했다〉
평범한 사람들이 강연을 통해 자신의 특별함을 발견해 가는 곳입니다(참여코드 : readhb). https://open.kakao.com/o/giXw9mNb

하나 더하기 하나의
삶을 위하여

수능 시험을 치르던 해였다. 그의 모의고사 성적은 전국 30등. 서울대 치대를 가고 싶었던 그는 죽을 힘을 다해 공부를 했다. 마지막 관문인 수능 날, 점심을 먹고 영어 시험 시간이었다. 거짓말처럼 잠이 들었다. 깨어나 보니 영어 시험은 끝나 있었다. 그해 10월 발병한 당뇨병으로 인한 증상 중 하나였다. 원하는 대학을 갈 수 없었다. 허탈감이 밀려들었다. 다시 수능을 준비할 마음이 사라져 버렸다. 대신 그는 대학생활 내내 과외를 했다. 허탈함을 달래기 위해 노래방을 섭렵했다. 그 노래방 모임에서 지금의 아내를 기적처럼 만났다. 365일 중 364일을 그녀와 만났다. 서점과 카페를 오가는 데이트가 계속되었다. 그의 삶에 또 다른 삶이 더해졌다. 불행이 행복으로 바뀌는 순간이었다. 하지만 삶은 그렇게 호락호락하지 않았다.

군 입대를 한 후 첫 휴가를 나오던 날, 그녀가 루푸스 초기 진단을 받았다. 조그만 병원의 의사가 레지던트 생활 중 단 한 번 보았던 사진이 그녀를 구했다. 물론 지금도 조금만 이상하면 병원에 가야 한다. 불행을 하나 더하기보다, 행복을 하나 더하기 위한 결단이 필요했다.

두 사람은 복잡한 서울을 떠나 익산으로 내려갔다. 8개월간 마음껏 쉬었다. 그리고 생활비를 벌기 위해 일을 시작했지만 익산은 아무리 열심히 해도 생활이 어려웠다. 전주로 옮겨와 아이들을 가르치기 시작했다. 아이들이 구름떼처럼 몰려들었다. 수학을 가르쳤다. 거기에 더해 공부 습관을 가르쳤다. 플래너를 만들어 아이들에게 나눠주었다. 낯선 곳에서의 또 하나의 삶이 시작되는 순간이었다.

● 　　　　송 사장(본명 송길헌)을 만난 건 두 번째인가 세 번째의 〈스몰 스텝〉 모임에서였다. 특이하게도(?) 그는 모든 모임에 아내를 데리고 왔다. 원래 그랬던 것처럼 두 사람의 모습은 자연스러웠다. 궁금증이 일었으나 자세하게 묻지는 않았다. 몇 번의

만남 후 그의 강연을 들었다. 무엇이 중요한지 아는 삶, 자신의 인연에 최선을 다하는 삶, 자신의 업에서 스몰 스텝을 실천하는 삶, 그리고 그가 아끼는 다양한 문구들에 대한 호기심까지….

하루는 그가 빼곡히 적힌 자신의 노트를 보여주었다. 그가 이루고 싶은 꿈들이 잔뜩 적혀 있었다. 그에게 노트와 플래너는 단순한 '기록'이 아니었다. 언젠가 다가올 '현실'이었다. 시골에서 도약을 꿈꾸는 제갈량의 포부처럼, 그의 꿈은 생각보다 크고 원대해 보였다. 하지만 그는 서두르지 않았다. 한 발 한 발 차곡차곡, 자신만의 걸음을 걷고 있다.

●   그는 지금 수학학원의 원장님이다. 단순한 수학 풀이법을 넘어 수능에 필요한 공부법을 가르친다. 그의 꿈은 바로 그 지점의 연장선상에 있다. 아카데미 힐즈와 츠타야를 섞어 놓은 곳, 언젠가 그가 이루고 싶은 꿈이자 도래하지 않은 현실이다. 여전히 아내를 괴롭히는 병이 삶에 족쇄를 채웠다면, 그 고리를 끊어내기 위한 방법으로 미래를 계획한다. 자신의 경험과 지식을 나누고 싶은 사람들이 언제라도 강의를 할 수 있는 곳, 그 강의를 누구나 언제라도 들을 수 있는 곳, 그 꿈을 이루기 위해 그는 지금도 노트에 글을 쓰고 그림을 그린다. 아이들을 가르치고, 매일 좋은 문장을

나누는 〈고고고〉 방과 하루 하나의 수학 문제를 푸는 〈매스 스텝〉 방을 운영한다.

　나는 지금 그런 그와 함께 큰 그림을 그리고 있다. 그의 꿈과 나의 경험이 만나는 지점에 있을 그 무언가를 찾고 있다. 나는 그의 삶에 더해질 또 하나의 더하기가 궁금해진다. 아마도 그 결과는 '둘'이 아닐 것이다. 지금의 아내가 그에게 '더하기 하나' 이상의 존재가 되어 있는 것처럼 그의 계산법은 무한대이다. 그 계산의 끝을 함께 바라보고 싶다.

Small Stepper

매스 스텝

　내가 아는 한 가장 이상한 사람들이 모인 곳이다. 존재 자체가 희한한 곳이 아닐 수 없다. 매일매일 수학 문제를 푸는 방이다. 18년 차 수학 강사가 매일 하나의 수학 문제를 제시한다. 정답을 아는 사람은 재빨리 방장인 강사에게 정답을 보내야 한다. 만약 그 답이 정확하다면 '정답~!'이라는 톡을 받을 수 있다. 수포자인 나는 이해할 수 없으나, 세상에는 이해하기 힘든 사람들이 참으로 많지 않은가? 수학 문제를 푸는 이 작은 성공의 과정이 이들에게는 하루의 피로를 씻어내는 청량제 역할을 한다.

　하루 10분의 이 짧은 성공의 시간이 이들을 살아있게 만든다. 누군가가 바다에서 서핑을 하며 도전을 즐길 때, 누군가가 금요일 밤에 미드를 보며 위안을 얻을 때 누군가는 수학 문제를 풀며 새 힘을 얻곤 한다. 그러니 아무도 이들을 말릴 수 없을 것이다.

- -

〈매스 스텝〉
매일 수학 강사가 내는 수학 문제를 풀고 인증합니다(참여코드 : math).
https://open.kakao.com/o/gtB5pfR

Small Stepper

고요하지만 고귀한 생각 고찰
문장나눔 생각잇기 필사방

　칼럼이나 좋은 글을 베껴 쓰는 매일의 필사는 생각보다 시간이 걸렸다. 그러자 〈매스 스텝〉 방을 운영하던 송 사장이 명언을 하나둘씩 올리기 시작했다. 재미있는 사실은 같은 글을 읽고도 서로 느낀 바가 다르다는 사실이었다. 짧게는 두세 줄, 길어도 열 줄이 넘지 않는 좋은 문장을 필사하다 보면 자신만의 느낌과 감상, 각오를 한두 줄 쓰게 된다. 이렇게 원래의 문장에 더해진 이 생각들을 읽고 나누는 재미가 쏠쏠했다. 우리는 살아온 배경도 다르고 가치관도 다르다. 그렇기 때문에 좋은 문장을 바라보는 시각도 저마다 다를 수밖에 없다. 그런데 그것이 또 하나의 배움이 된다. 개성 넘치는 생각들을 통해 새 힘을 얻는다. 나와 생각이 다른 사람을 좀 더 이해할 수 있게 된다. 새로운 문장은 매일 자정 전후에 업데이트된다. 고요한 방이므로 필사와 생각만 올릴 수 있다.

〈고고고〉 방(고요하지만 고귀한 생각 고찰 문장나눔 생각잇기 필사방)
좋은 문장이나 명언을 나누고 필사하는 방입니다(참여코드 : gogogo).
https://open.kakao.com/o/gcIg4Iigb

달려라 달려라,
달려라 은미!

"은미야, 하고 싶은 것 하고 살아."

2015년의 일이었다. 어머니가 돌아가셨다. 극심한 우울증이 찾아왔다. 몇 달간 병원을 다녔다. 의사의 처방은 간단했다. 규칙적인 생활을 할 것, 햇볕을 많이 쬘 것. 하지만 진짜 처방은 따로 있었다. 바로 어머니가 마지막으로 남긴 그 말이었다. 하고 싶은 것을 하기로 했다. 그렇게 살기로 했다. 달리기를 다시 시작했다. 무려 10년 이상 쉬고 있었던 달리기였다. 그토록 하고 싶었던 달리기였다. 지금의 남편을 만나 결혼에 이르게 된 것도 달리기 모임에서였다. 그러나 아이를 낳고 기르며 하고 싶은 마음을 꾹꾹 눌러놓고 있었다. 하지만 이제는 그럴 필요가 없었다. 아무것도 보이지 않았다. 오직 자신이 살아야겠다는 생각만 했다. 〈내 생애 첫 풀코스〉란 달리기 모임을 만든 것도 바로 그 즈음부터였다.

"사실은 고통스러워요. 숨을 쉰다는 것, 그렇게 가장 말초적인 본능에 집중하게 되요. 발가벗겨진 나를 만나는 셈이에요. 모든 것을 잊고 그 순간에 집중하는 시간, 그때의 내가 가장 좋아서 달리게 되요."

●   마냥 달리기가 좋은 줄만 알고 던졌던 질문에 그녀는 이렇게 답했다. 우문현답이었다. 머리가 하얘진다고 했다. 오직 숨 쉬기에만 집중하게 된다고 했다. 두 아이의 엄마로서, 회사원으로서, 너무도 평범한 대한민국 아줌마로서, 끝없이 밀려드는 복잡미묘한 생각들로부터 자유로워진다고 했다. 결국은 자신과의 싸움인 셈이다. 현관문을 열고 밖으로 나가는 순간, 그녀는 또 다른 사람이 되는 듯했다. 발끝에 에너지가 모두 모이는 느낌, 그것이 어머니의 죽음과 함께 찾아온 심각한 우울과 비만을 벗어날 수 있게 힘을 주었다. 어머니가 돌아가신 그해, 그녀는 철인 3종 경기를 뛰었다. 반환점마다 아이들이 찾아와 엄마의 모습을 보았다. 상상해본다. 그때 아이들은 엄마의 어떤 모습을 보았을까? 평소와 다른 엄마의 모습에서 뿜어져 나오는 에너지는 과연 어떤 것이었을까?

●　　　　　그녀의 이름은 김은미, 어느 스타트업에서 회계를 담당하는 평범한 회사원이다. 그녀와 함께 스몰 스텝을 걸어온 지도 벌써 1년을 바라보고 있다. 항상 에너지가 넘치는 그녀에게 그런 아픈 스토리가 있는 줄 알게 된 것도 얼마 되지 않았다. 그녀를 움직이는 그 힘(Driving Force)이 도대체 어디서부터 시작되었는지 궁금했었다. 이제서야 의문이 풀렸다. 그녀는 달릴 때 가장 그녀다워진다. 그 힘이 일상의 에너지로 전이되는 셈이다. 그렇게 하고 싶었던 달리기를 10년간 참은 셈이다. 그 이유도 단순명확했다. 아이들을 제대로 키우고 싶다는 열망 때문이었다. 그것은 어쩌면 한 가족을 지탱하는 가장 큰 힘이 아니었을까? 하지만 언제까지 희생만 요구해야 하나? 이제는 이 땅의 아줌마들도, 엄마들도, 맞벌이를 하는 직장인들도 가장 자기다운 삶을 위해 달릴 수 있어야 하지 않을까?

●　　　　　그녀가 운영하는 〈스몰 스텝〉 단톡방의 이름은 〈다보소식행(多步少食幸)〉이다. 그곳에서 만나는 그녀는 엄하고, 카리스마 넘치고, 생기가 넘치면서도 무서운 사람이다. 이 방에 들어오는 것은 자유지만 나가는 것은 쉽지 않다. 그렇게 수십 명의 사람들이 매일같이 식단과 운동과 몸무게를 인증한다. 나 역시 지

난 몇 달 동안 그녀의 트레이닝을 받았다. 놀라운 것은 식단 관리만 제대로 해도 몸무게가 빠진다는 사실이다. 그렇게 4~5kg 정도를 감량할 수 있었다. 덩달아 혈압도 내려갔다. 140 정도의 혈압이 120까지 내려갔다. 매달 검진을 하던 의사 선생님의 목소리가 약간의 하이톤을 내던 그 순간을 잊을 수 없다. 하지만 타이트한 식단과 운동 관리가 가능한 것은 그녀의 잔소리 때문만은 아니다. 이 방에 올라온 식단과 몸무게, 운동하는 모습을 보면 어떤 식단은 아름답기까지 하다. 숫자는 욕심을 불러 일으킨다. 함께한다는 것, 그것이 주는 힘은 생각보다 놀라웠다. 그제서야 알게 됐다. 사람들이 단톡방을 나갈 수 없어서가 아니라 나가지 않는다는 사실을…. 어차피 다이어트는 결국 평생의 숙제 아니던가.

●   최근에는 나도 달리기를 시작했다. 아침 산책시간의 일부를 달리기로 돌렸다. 그래봐야 1km 남짓한 평지 구간이지만 게으른 내겐 대단한 도전이었다. 그때 단톡방의 누군가가 했던 말을 떠올렸다. "걷듯이 달려보세요. 빠지는 뱃살을 상상하면서요." 나는 그 말대로 했다. 무리하지 않았다. 스몰 스텝으로 뛰기로 했다. 걷듯이 달리기로 했다. 그렇게 달리기를 시작하자 운동의 강도가 달라졌다. 산책과는 또 다른 뿌듯한 만족감이 밀려들었다. 홍

건히 젖은 몸으로 가볍게 샤워를 한다. 그렇게 시작한 날은 하루가 남달랐다. 이걸 감히 달리기라고 말할 수 있을까 싶다가도, 이것이 야말로 스몰 스텝이 아닌가 싶은 생각으로 스스로를 위로한다. 어쨌든 나는 달리고 있다. 매일 조금씩. 이 모두가 발로 '달리는' 은미 씨 덕분이었다. 문득 매일 10km씩 달린다는 무라카미 하루키의 말이 떠올랐다. 그가 달리는 이유도 스몰 스텝의 생각과 크게 다르지 않았다.

"계속 달려야 하는 이유는 아주 조금밖에 없지만 달리는 것을 그만둘 이유라면 대형 트럭 가득히 있기 때문이다. 우리에게 가능한 것은 그 '아주 적은 이유'를 하나하나 소중하게 단련하는 일뿐이다."

●   그녀에게서도 하루키의 모습을 만난다. 어쩌면 달리는 모든 사람들이 비슷한 생각으로 달리고 있을 것만 같다. 계속 달려야 하는 이유는 조금밖에 없다. 그러나 달리는 것을 그만둘 이유라면 수천수만 가지의 이유를 댈 수 있다. 때로는 전력을 다해 달리다가도 때로는 단념할 수도 있는 사람들, 그러나 결코 후회하지 않는 삶을 위해 매일 달리는 사람들…. 그녀도 바로 그런 평범한 사람들 중 하나일 것이다. 그러나 그 평범함이 그들의 삶을 비

범하게 만들어 가고 있다는 사실을, 지금도 변함없이 달리는 그 사람들은 과연 알고 있을까?

그런 그녀에게 앞으로의 꿈을 물어보았다. 그토록 달리고 싶었던 10년 전의 김은미가 만날, 10년 후의 김은미는 어떤 모습을 하고 있을까? 지금보다 더 날씬하고, 더 건강하고, 더 카리스마 넘치는 철인 3종 경기와 풀코스를 뛰는 러너의 모습을 하고 있을까? 하지만 그녀의 입에서 나온 대답은 뜻밖이었다. 달리는 하루키의 모습이 묘하게 오버랩되는 순간이었다.

"글을 쓰고 싶어요. 글쓰기는 달리기와 많이 닮았다고 생각해요. 삶을 정리할 수 있다는 점에서, 하얀 백지상태의 자신을 만난다는 점에서, 비우고 다시 채우는 과정이라는 점에서 정말 비슷하지 않나요? 젊었을 때는 기록에 매달렸어요. 그게 달리는 김은미를 움직이는 가장 큰 힘이었던 것도 사실이에요. 하지만 지금은 달라요. 나이가 들수록 기록이 떨어지는 것은 당연한 거예요. 그걸 받아들이기로 했어요. 달리기가 삶에 녹아든다는 건 바로 그런 의미라고 생각해요. 2013년 하와이에서 열린 철인 경기의 영상을 우연히 본 적이 있어요. 백발의 할머니가 두 팔을 들고 완주하는 장면이었죠. 그래서 결심을 했죠. 백발이 되어서도 달리는 은미가 되겠다고. 그러니 지금이라도 얼른 신발을 신고 달려 나가세요. 너무 생각만 하지 마시구요. 지금 당장 뛰어보세요. 다름 아닌 10년 전의 제가 그랬던 것처럼요."

Small Stepper

다보소식행(多步少食幸)

들어갈 수는 있지만 나올 수 없는 방이다. 이 방의 룰은 간단하다. 자신이 먹은 음식을 사진으로 인증하고, 자신이 하루 동안 실천한 운동을 숫자로 공유하는 방이다. 이 단톡방의 방장은 무서운 사람이다. 한 번 타겟이 된 사람은 결코 그의 추적을 따돌릴 수 없다. 많이 걷고 적게 먹는 삶, 이렇게 건강한 삶의 방법을 알고도 우리는 실천하지 않는다. 방장은 이 사실을 너무도 잘 아는 사람이다. 철인 3종 경기를 뛰기 전까지, 마라톤 풀코스를 달리기 전까지, 일상의 우울이 자신의 삶을 좀먹는다는 사실을 알고 난 그는 기어이 달리기 시작했다. 다이어트에 대한 해박한 지식으로 무장한 그는 사람들이 함께 달리는 순간 살아있음을 느낀다. 매일 건강해지는 사람들을 통해 가장 큰 보람을 얻는다. 다보(多步)하고 소식(少食)하는 것, 그것만으로 우리는 충분히 행복해질 수 있다. 이 방의 방장이 그 확실한 증거 중 증거이다.

《다보소식행(多步少食幸)》
자신의 식단, 운동, 몸무게 등을 인증하는 방입니다(참여코드 : diet100).
https://open.kakao.com/o/gphlhKJb

Small Tips 04

다이어트 플래너

〈다이어트 플래너〉의 콘텐츠 기획은 〈다보소식행〉의 은미 님이 맡았고, 제작은 〈고고고〉 방과 〈매스 스텝〉 방의 길헌 님이 맡았다. 쉽게 휘발되어 버리는 온라인 단톡방의 한계를 극복하고자 실제로 기록하고 인증할 수 있는 플래너를 직접 개발한 것이다.

단순한 식단 인증을 넘어 물 섭취량과 운동, 기상시간과 취침시간, 오늘 하루의 리뷰까지 이 하나의 플래너로 모두 가능하다. 이를 활용하는 사람은 아마도 건강한 몸과 마음은 동전의 양면처럼 연결되어 있다는 사실을 알게 될 것이다.

〈다이어트 플래너〉는 지금도 꾸준하게 수정과 보완을 거치며 참여자들의 간담을 서늘하게 하고 있다. 많은 이들에게 다이어트는 평생의 숙제지만, 이 플래너가 있는 한 실현 가능한 목표가 된다.

Date **2020. 1. 3** (다이어트 **25** 일차)

Small Step Diet Planner

물 섭취량	✓ ✓ ✓ ☐ ☐ ☐ ☐ ☐ ☐ ☐ ☐		
아침	샐러드 (계란, 토마토, 바나나)	운동	
7 : 30		팔 굽혀 펴기 10회	
~ 8 : 00			
점심	에비동(새우튀김덮밥)		
12 : 00			
~ 12 : 30			
저녁	삼겹살, 된장찌개		
18 : 50			
~ 19 : 30			
간식	과자 한 조각	기상시간	07:30
오늘 하루 어땠나요?		취침시간	02:00

마감 완료로 삶의 패턴을 찾아가는 중.
외식 때는 메뉴 선택의 어려움이 있음.
집에서는 식구를 의식하지 않을 수 없는 어려움!

Part 3 평범한 사람들의 비범한 이야기 II

네 잘못이
아니야!

    Y를 처음 만났을 때의 일을 지금도 기억한다. 네 번째 〈스몰 스텝〉 정기모임에서였다. 모임에서 첫인사를 한 후 뒤풀이 자리에서 그녀와 다시 인사를 나눴다. 마치 처음 본 것처럼. 그새 머리를 말 아올린 변화를 알아채지 못한 때문이었다. 머쓱한 마음으로 다시 합석을 했다. 대기업에서 재정 관련 업무를 담당한다고 했다. 아쉬울 것 없는, 부러울 것 없는 삶을 사는 그런 사람인 줄만 알았다. 이런저런 얕은 이야기를 나누고 헤어질 때만 해도 다시 만날 줄 알지 못했다. 그러나 그녀는 〈스몰 스텝〉 모임에 빠지지 않고 나왔다. 〈사람책〉 모임에도 나왔다. 〈토요원서미식회〉에서도 만났다. 그렇게 몇 달이 지난 어느 평일의 오후, 함께 점심을 했다. 그제서야 그

녀가 우울과 공황으로 인해 약 2년간 병원생활을 했다는 사실을 알았다. 그리고 그 절망의 늪을 빠져나오는데 〈스몰 스텝〉의 모임과 사람들이 큰 힘이 되어준 사실도 함께 알았다. 그녀는 그렇게 매달 찾아오는 정기모임을 손꼽아 기다린다고 했다. 모임에서 뿜어져 나오는 그 열기와 에너지를 다시 느끼기 위해, 그리고 그것이 자신의 삶을 지탱하는 힘이 되어준다고 했다. 그녀는 다니던 회사를 떠나 새로운 도전을 앞두고 있었다. 확실히 그녀는 달라져 있었다.

●　　　　　　15년 이상 직장생활을 했다. 그 기간 동안 우울과 공황은 오랜 친구였다. 직장생활 1년만에 지하철에서 공황발작을 만났다. 그게 정확히 뭔지도 모르고 회사를 다녔다. 오랫동안 마트를 가지 못했다. 스트레스를 만나면 머리가 하얘지곤 했다. 조금만 무리해도 어지러웠다. 우연한 기회에 검색을 통해 병명을 알아챌 수 있었다. 호전과 재발 사이를 왔다갔다 했다. 지금도 처방 없이는 발작을 경험한다. 영화관에서, 강연을 할 때, 또 전혀 예상치 못했던 장소와 상황에서 공황을 만난다. 가슴이 답답해지고 손발이 저릿해 온다. 급체를 한 듯한 복부의 팽창과 숨 막히는 호흡 곤란이 뒤이어 찾아온다. 그때가 되면 나는 살기 위해 손바닥을 손톱으로 꼬집기 시작한다. 어느 날은 손바닥 전체가 벌겋게 멍들어 있

기도 했다. 그런데 이 증상이 최악인 점은 아무도 그 사실을 알아차리지 못한다는 것이다. 내 눈앞의 대화 상대도, 청중도, 가족도, 친구도 나의 상태를 알지 못한 채 이야기를 이어간다. 어느 전문가는 인간이 경험할 수 있는 가장 큰 두려움 중 하나라고 했다. 그리고 그 순간 나는 세상으로부터 철저히 고립된 존재가 된다. 그 고통은 오직 경험한 사람만 알 수 있다.

그러던 어느 날 〈스몰 스텝〉을 만났다. 사람들을 만났다. 비슷한 고민과 색깔을 가진 사람들이 운영진이 되었다. 그들로부터 폭포수 같은 칭찬을 받았다. 과분한 대접임에 틀림없었다. 나는 고작 내 경험을 담은 책 한 권을 썼을 뿐이었다. 그런데 그들은 쉴 새 없이 나를 헹가래쳤다. 물론 의심이 많은 나는 그 칭찬과 격려들 속에서도 냉정을 잃지 않았다. 지나가는 바람 같은 거라 생각했다. 그러나 그건 생각일 뿐이었다. 몸이 반응했다. 몸 안의 세포 하나하나가 깨어나는 기분이 들었다. 언제나 우울한 채 살아가던 내 삶이 달라지기 시작했다. 칭찬은 고래도 춤추게 한다고 하지 않았던가. 내 마음이 춤추기 시작했다. 공황으로부터 자유하게 된 시점도 바로 그 즈음이었다. 우울할 새가 없었다. 만나는 사람이 점점 많아졌다. 강연의 기회가 이어졌다. 내 삶을 간증할 기회가 더욱 많아졌다. 정기모임을 위시한 번개는 왜 그렇게도 많아진 건지. 이제는 주말도 없이 사람을 만나고 모임 속에 빠져든다. 영어 원서를 읽고, 북카페를 탐

방하고, 낭독 방에서 낭독극을 위한 연습에 참가한 적도 있다. 그
렇게 1년 반의 시간이 훌쩍 지나갔다. 그러던 어느 날 그녀를 만난
것이다. 그녀의 고백(?)이 이어진 후 내 마음이 요동치기 시작했다.
의외로 우리와 같은 어려움을 겪는 사람들이 곳곳에 숨어 있을 것
같았다. 그중에는 남모르게 그 고통을 견뎌온 나의 가족도 있었다.

●   Y는 소설을 즐겨 읽는다고 했다. 인권에 관심이
많다고 했다. 중년 이후에 절망적인 삶을 살아가는 이들에게 관심
이 많다고 했다. 우리나라에 아동친화도시가 있다는 사실을 아냐
고 물어오기도 했다. 직접 그 도시를 찾아가 보았지만 허울뿐이라
고 했다. 글을 써보고 싶다고 했다. 영어영문학을 전공한 그녀는 국
제 정치에 관한 공부도 하고 싶어 지금 방송통신대를 다니고 있다.
내가 늘 주장하듯 글은 기술의 문제가 아니라 글감에서 승부가 나
곤 한다. 그래서 그녀의 경험이 얼마나 큰 자산인지를 나는 역설
했다. 그녀는 얼마 전 어느 점집을 찾았다고 했다. 글을 써야 할 사
람이 왜 숫자를 만지고 있냐는 핀잔을 들었다고 했다. 정말로 맞는
말인지 확인해 보고 싶다고 했다. 그렇게 말하는 그녀의 눈은 빛나
고 있었다. 매주 한 편의 글을 써보기로 했다. 틈틈이 첨삭을 도와
주겠다고 약속했다.

내가 만나는 스몰 스텝의 에너지는 이렇게 사람의 모습을 하고 내게로 다가오곤 했다. 동지를 만나고 동무를 만난다. 뜻이 맞는 사람들이 만나면 그 에너지는 원자에 머물지 않는다. 격렬하게 부딪힌다. 우리는 그것을 원자폭탄이라고 부른다. 실제의 폭탄과 다른, 삶의 폭탄은 사람을 바꾼다. 나를 바꾸고 함께하는 이들을 바꾼다. 나는 그러한 변화를 적지 않게 목격해 왔다.

●   공황은 신체적 질병이다. 위험을 감지하는 몸의 회로에 과부하가 걸린 상태를 말한다. 의지박약의 문제가 아니다. 많은 경우 유전의 영향도 받는다. 언젠가 의사 선생님이 이렇게 말한 적이 있었다. "다리가 부러졌는데 의지로 이겨내실 건가요?" 그때부터 나는 이 마음의 병으로부터 자유로워졌다. 떳떳할 수 있었다. 내 잘못이 아님을 알았다. 대신 내가 할 수 있는 것들에 집중하기 시작했다. 하루 세 줄의 일기를 썼다. 영어 단어 다섯 개를 외웠다. 매일 낯선 한 사람에게 인사를 했다. 그렇게 쌓은 일상의 성취들이 몸과 마음의 병을 치유하기 시작했다.

공교롭게도 공황을 경험하는 사람들은 생각이 많은 사람들이다. 대개는 똑똑한(?) 사람들이다. 그렇기에 그들은 이 모든 고통의 원인을 스스로에게 돌리는 경우가 많다. 더 많은 책임을 지우거나, 스스로를 비난하곤 한다. 하지만 안 된다. 그러면 안 된다. 그 고통은 우리의 무능과 의지박약 때문이 아니다. 당신은 충분히 달라질 수 있다. 의사와 약의 도움을 기꺼이 받아도 된다. 그 어려움과 고통이 삶을 변화시키는 에너지의 원천이 될 수도 있다. 우리는 달라질 수 있다. 나와 Y처럼 삶을 바꾸는 경험으로 흥분되는 매일을 살아갈 수도 있다. 나는 힘들 때마다 영화 〈굿 윌 헌팅〉에 나오는 다음의 대사를 기억한다.

"It's not your fault."

이 말을 Y에게도, 나에게도, 당신에게도 꼭 해주고 싶다. 영화 속 상처 입은 윌을 치유해 주었던 바로 그 한마디였다. 결코 당신 잘못이 아니다. 그리고 당신도 우리처럼 달라질 수 있다.

씨 유 레이러,
이안

    그의 이름은 '이안'이다. 미국에서 왔다. 나이는 서른 살, 키는 어림 잡아도 190cm 이상이지만 얼굴만 보면 소년의 모습이 있다. 어려 보인다고 하니 구레나룻을 기른 사진을 직접 꺼내 보여 주었다. 아이스하키를 좋아한다고 했다. 하키는 캐나다 사람들이 좋아하지 않냐고 물었더니 자신이 사는 미시건 주가 캐나다 접경이라고 했다. 조카들이 BTS를 좋아한다고 했다.

    그를 〈스몰 스텝〉 정기모임에서 다시 만났다. 다시 보니 반가웠지만 아무래도 언어가 걸린다. 알아듣는데 큰 지장은 없지만 대화는 주고받는 것 아닌가. 첫 만남에서 한 시간 가까이 '말도 안 되는' 대화를 주고받았던 기억이 떠올라 아무래도 주춤거린다. 선한 의

도가 오히려 스트레스를 줄까 봐서다. 하지만 생각해 보면 이 모임에 나온 것부터가 그의 의지다. 한국인 여자친구인 에리카 님의 증언이다. 그야말로 'Power of Love'다. 사랑하는 사람이 함께하는 사람들, 그들을 만나러 어려운 자리에 온 것이다. 그러나 좀처럼 용기가 나지 않는다. 어떻게 하면 서로가 부담을 가지지 않으면서 대화란 것을, 소통이란 것을 할 수 있을까?

이안은 뒤풀이 자리에도 함께했다. 사람들이 피하는 모습이 역력하다. 어떻게 하다 보니 다른 자리에 앉았다. 그렇게 얼마의 시간이 지나고 나자 이안의 목소리가 들린다. 뜻밖에 도미니꼬 님이 마주 앉아 열심히 대화를 하고 있다. 그제야 안심이 된다. 마침 화장실을 다녀오니 내 자리가 사라지고 없다. 하늘의 계시인가 보다. 이안 옆에 앉아 본격적인 대화를 시작했다. 걱정은 기우였다. 첫 만남에서 한국인만큼이나 낯을 가리던 이안은 사라지고 수다쟁이 이안이 그 자리에 있었다. 도미니꼬 님의 영어 실력도 다행히(?) 유창하지 않다. 세 명이 모여서 이런저런 얘기를 주고받았다. 그중에서도 우리 마음을 하나로 모았던 건 보드게임에 관한 내용이었다. 한 번도 해본 적이 없지만 꼭 한 번 해보고 싶었던 것 중 하나가 제대로 된 보드게임이었다. 넷플릭스 영화 〈기묘한 이야기〉에는 주인공들이 수시로 모여 앉아 게임을 즐기는 모습이 나온다. 길고 어려운 소통 끝에 또 하나의 접점을 마침내 발견하는 순간이었다.

● 　　　　　　소통은 어려운 것이다. 같은 한국말을 쓰면서도 얼마나 자주 오해하고 얼마나 크게 좌절하는가? 하물며 말이 안 통하는 사람과 대화를 한다는 건 대단한 용기가 필요한 일이다. 에너지가 필요한 일이다. 하지만 나는 이유가 있다. 그들에게 내가 가진 질문을 던지고 싶었다. 나고 자란 곳이 달라도 사람은 비슷하다고 믿기 때문이다. 이 먼 타국까지 와서 일하는 이유는 무엇인가? 당신이 추구하는 삶의 가치는? 당신을 움직이는 가장 큰 힘은 무엇인가? 나답게 산다는 것은 어떤 것이라고 생각하는가? 오랫동안 품어왔고 간절히 찾고 싶었던 질문의 다른 버전을 발견하고 싶었다. 굳이 유창하게 대화를 할 수 없어도 괜찮다. 내가 영어를 쓰려 애쓰는 만큼 그도 한국어를 이해하기 위해 애써야 한다. 그도 안 되면 몸짓과 눈빛, 스마트폰의 번역기를 쓰면 충분히 가능한 일이다. 중요한 것은 도구가 아니라 목적이다. 유창한 대화가 아니라 진정한 소통이면 된다. 그런 면에서 나와 도미니꼬, 이안은 준비된 사람들이었다. 그래서 우리는 한참을 대화할 수 있었다. 이안은 내게 보드게임을 배울 수 있는 카페를 알려 주었다. 스마트폰을 꺼내어 위치까지 상세히 알려주었다. 닥터 스트레인지 의상을 입은 자신의 사진도 찾아서 보여주었다. 우리는 그 지점에서 함께 '통'하고 있었다.

●　　　　나는 '스몰 스텝'의 힘을 믿는다. 매일 지속하는 아주 작고 사소한 습관이 '나다움'을 찾아주었다. 나는 잘 나가고 화려한 사람들보다 소외되고 약한 사람들에 관심이 많다. 《프랜차이즈를 이기는 스몰 브랜드의 힘》이란 책도 그런 이유로 쓸 수 있었다. 모두가 돈 되는 큰 기업을 지향할 때 작은 회사들을 찾아다녔다. 그 속에 진짜들이 많았다. 회사의 규모와 상관없는 수많은 구루들을 만났다. 나는 그렇게 '작은 것들'의 가치를 찾아다니는 것이 너무도 즐겁고 신이 난다. 그런 면에서 내가 이안에게 끌린 목적은 순수하다. 적어도 한국 사회에서 그는 보이지 않는 약자인 셈이다. 그도 나처럼 혼자 노는 걸 좋아한다. 보드게임을 즐긴다. 캐릭터 페인팅에 몰입한다. 그런 사람들이 모여도 조용하기만 할까? 천만의 말씀이다. 비슷한 사람들끼리 만나면 그보다 더 수다스러울 수 없다. 사람을 싫어하기 때문에 혼자 있는 것이 아니다. 각자 삶의 에너지를 비축하는 방법이 다를 뿐, 그도 나도 사람을 좋아한다. 그 접점에 보드게임이 있었을 뿐이다.

●　　　　나는 조만간 '카페 깔깔 고블린(laughing goblin)'에 갈 것이다. 거기서 어느 정도 보드게임을 배우면 에리카와 함께 이안이 참여하는 모임에 참여할 것이다. 거기서 외국인 친구들

을 만날 것이다. 영어를 잘하지 못해도 환영받을 수 있다고 했다. 그렇다면 문제는 없다. 도미니꼬도 나도 '열린' 사람들이니까. 짧은 영어로도 소통하고자 하는 의지를 가진 사람들이니까. 스몰 스텝이란 이런 것이다. 거대한 목표를 위한 거창한 실행보다 아주 작고 사소한 첫걸음을 뗄 수 있는 것, 그것이 우리가 가진 '용기'와 '소통'이란 가치에 부합하기 때문이다. 그러다 영어를 잘하게 된다면 감사한 일이지만 그러지 않아도 괜찮다. 내가 정말로 바라는 것은 그들과의 진정한 교감이니까. 부디 그들이 나를 귀찮아하지 않기를, 내가 조금은 더 뻔뻔해질 수 있기를, 그래서 이안과 좀 더 친해질 수 있기를, 보드게임으로 그와 맞짱을 뜰 수 있게 되기를, (BTS의 노래 가사처럼) 작은 것들(?)이 모여 만들어 내는 거대한 삶의 에너지를 함께 발견할 수 있기를.

뒤풀이가 끝난 후 헤어지는 자리에게 이렇게 말할 수 있었다.

"See you later, Ian"

영어 공부의 참맛을 찾아서,
토요원서미식회

100여 페이지의 삶이 끝이 났다. 지난주에 있었던 67페이지까지의 마크 트웨인은 행복했다. 하지만 그의 노년은 고난의 연속이었다. 자신의 출판사가 부도 나는 바람에 그는 생활비가 적게 드는 유럽으로 떠나야 했다. 그곳에서 딸을 잃었다. 전 세계를 전전하는 강연 여행을 하며 그는 가까스로 미국으로 돌아갈 수 있었다. 하지만 이번엔 사랑하는 아내가 세상을 떠났다. 미국인이 가장 사랑하는 소설가 중 한 사람인 마크 트웨인, 그도 한 인간으로서의 삶은 행복하지만은 않았다. 그렇게 한 권의 원서를 읽고 다시 30여 페이지를 읽었을 무렵 한 시간이 지났다. 두 번째 〈토요원서미식회〉가 그렇게 끝이 났다.

●   사실 기대 반 걱정 반이었다. 내가 한 권의 원서를 제대로 읽어낼 수 있을지 자신이 없었다. 하지만 두 번의 모임을 통해 그게 가능함을 경험할 수 있었다. 내가 'Who was' 시리즈를 읽는 속도는 분당 130단어 정도, 이성봉 강사는 100에서 150단어를 읽을 수 있다면 적당한 난이도라고 했다. 원어민의 책 읽는 속도가 250단어 정도라고 한다. 우리가 원어민들의 말을 알아듣기 어려운 이유가 분명해졌다. 그들의 말하는 속도를 따라가지 못하기 때문이다. 당분간은 이렇게 읽는 속도를 올리는데 집중하기로 했다. 읽었던 책도 다시 보지 않기로 했다. 전혀 새로운 원서에 새롭게 도전하기로 했다. 모두 이성봉 강사에게 배운 〈토요원서미식회〉의 가이드에 따른 것이다. 영어에 조금씩 재미와 자신감이 붙기 시작했다.

팁은 여기서 그치지 않았다. 그는 즉석에서 자신이 읽은 책에서 뽑은 단어들을 카톡으로 공유해 주었다. '영어 문장은 만드는 것이 아니다. 수집하는 것이다.' 어디선가 많이 들어본 이야기였다. 글쓰기도 마찬가지다. 좋은 문장가들은 다양한 경로를 통해 좋은 글과 문장들을 수집한다. 사례와 지식들을 수집한다. 그래서 글을 잘 쓰는 사람들은 저마다의 '글 창고'를 가지고 있다. 그건 지나치다 보는 광고 카피일 수도 있고, 매력적인 소설 속 대화일 수도 있으며, 거리에서 우연히 발견한 간판 속 상호일 수도 있다. 소설가 김영하는 심지어 여행지에서의 소리를 녹음한다고 한다. 오감으로 느낄 수 있는 모든 것들이 글의 소재가 된다. 이렇게 쌓인 글감은 앞으로 쓰게 될 어딘가의 빈 문장을 채우게 된다. 고로 글 잘 쓰는 사람들은 모두 대단한 관찰가이다. 그런데 영어도 크게 다르지 않았다. 이성봉 강사는 좋은 영어 문장을 찾을 때가 가장 즐겁다고 했다. 그는 무엇보다 영어가 재밌다고 했다.

● 'No Pain, No Gain'이란 말이 있다. 하지만 이 말은 절반만 맞는 말이다. 몰라서 당하는 고통도 많다. 필요 없이 돌아갈 때가 얼마나 많은가? 모든 것이 고통을 통해서만 얻어지는 것은 아니다. 영어를 잘하는 가장 좋은 방법은 그 대상을 좋아하게 되는 것이다. 어느 한 분야의 대가들이 고난을 겪는 모습을 우리는 많이 보아왔다. 그러나 그들이 그 고통을 이겨낼 수 있었던 이유는, 그 고통을 견딜만한 재미와 즐거움, 보람과 만족을 얻고 있었기 때문이었다. 하지만 하수인 우리들 눈에는 그들의 고통만 보인다. 그리고 그 고통이 진정한 성장과 깨달음으로 가는 길을 막아버리곤 한다.

● 　　　　　　　영어 문법을 공부하다가 몇 번이나 나가떨어졌었다. 영어는 어렵고 지루하고 힘겨운 정복의 대상이었다. 하지만 우리가 지금 영어를 공부하는 방식은 그와는 완전히 다르다. 사전이 필요 없는 다섯 개의 문장을 매일 외운다. 5분이면 듣는 훈련을 지난 6개월간 계속해 왔다.

정말로 쉬운 책들을 골라 한 시간 동안 함께 읽는다. 그것이 전부다. 그래서 많은 사람들이 〈토요원서미식회〉가 기다려진다고 했다. 일주일 중 가장 편안하게 늦잠을 잘 수 있는 소중한 시간을 기꺼이 희생(?)하는 것이다. 어떤 사람은 불금이 사라졌다고 했다. 나 역시 마찬가지다. 금요일 밤이 망가지면 이 모임에 나올 수 없기 때문이다. 이유는 단 하나다. 영어가 재미있기 때문이다. 영어 공부라는 먼 길을 인도해 줄 든든한 가이드가 있기 때문이다. 심지어 그는 잘 생기기까지 했다(물론 남자인 내게는 아무런 의미가 없지만…).

〈토요원서미식회〉가 가르쳐준 것은 이뿐만 아니다. 정말로 중요한 것은 우리가 '함께' 배우고 있다는 것이다. 혼자라면 두세 번은 온몸을 비틀었을 한 시간이 순식간에 지나갔다. 이성봉 강사가 강조한 '환경설정'의 힘을 온몸으로 경험하는 시간이었다. 10여 명에 가까운 사람들이 몰두하는 에너지가 나의 몰입을 도왔다. 그런 환경설정의 도움을 받지 않았더라면, 내가 100여 페이지에 달하는 원서를 고작 1시간 반만에 어떻게 완독할 수 있었을까? 절대로 불가능한 일이었을 것이다. 이것이 내게 가르쳐준 깨달음은 명확했다. 혼자 하지 마라. 함께하라. 그것이 또 다른 지름길로 인도할 것이다. 영어가 이런 식으로 가능하다면, 아마도 다른 일도 마찬가지 아닐까?

당신이라는,
사람책을 읽다

매일 새벽 5시경이면 산을 오르는 남자가 있다. 친구나 지인 집에 가면 그곳에 있는 산을 오른다. 그것도 책을 읽으며 오른다. 낭독을 녹음하며 오른다. 직접 찍은 동영상과 사진을 편집해 유튜브에 올린다. 그 영상은 항상 이렇게 시작한다.

"안녕하세요. 임세환입니다."

그에 대해서는 시간을 두고 쓰고 싶었다. 히든 카드와도 비슷했다. 하지만 눈치를 챈(?) 그가 틈을 주지 않았다. 그는 수줍은 사람이다. 단톡방의 그를 기대하고 만난 사람은 그의 낯가림에 다시 놀라곤 한다. 금요일 저녁과 토요일은 온전히 가정에 헌신한다. 그래서 스몰 스테퍼들 사이에 '임세환 로봇설'이 돈 것인지도 모르겠다.

때로는 열 개 이상의 단톡방을 동분서주하는 그를 의심의 눈길로 바라본 적도 있었다. 그래서 한 번은 그에게 이런 질문을 던졌다.

"생계는 해결하고 활동하시는 거지요?"

진심을 반쯤 담은 농담이었지만 내가 틀렸다. 그는 유능한 감정평가사다. 한 회사의 이사이다. 하지만 제주에 출장을 가서도 아침 일찍 영상을 올리는 모습에 두 손 두 발을 다들었다. 그는 태생이 부지런한 사람이고, 열정적인 사람이고, 뜨거운 사람이다. 평소의 수줍은 듯한 모습은 어쩌면 가면인지도 모른다. 요란한 빈 수레보다는 조용한 사륜구동이 낫지 않은가.

● 〈사람책〉이란 독특한 모임에서 그의 이야기를 들을 수 있었다. 이 모임은 나코리 님이 기획했다. 평범한 사람들의 살아가는 이야기를 듣는 강연 프로그램이다. 나같이 평범한 사람들이 연사로 나와 15분을 이야기한다. 하지만 그 이야기는 언제나 비범했다. 거기서 세환 님의 강연을 들었다. 강연 제목은 '나만의 프레임, 싸가지 말고 세 가지'였다. 그는 자신의 올해 키워드를 세 가지로 정했다고 했다. 금주, 완주, 주책이라고 했다. 평소의 그를 아는 사람은 기대할 것이다. 그가 또 어떤 주책 맞은 40대의 삶을 살아낼지 말이다.

그는 자신에게 꽂히는 세 가지만 기억한다고 했다. 그렇게 자신의 세 가지 꼭지점을 찍고 연결하다 보면 세 변 속에 담을 수 있을 정도의 개선을 이룰 수 있다고 했다. 그래서 그는 늘 다음과 같은 세 가지의 질문을 품고 다닌다고 했다.

"재미, 의미, 감동이 있었던 이야기는 무엇일까?"

"언제, 어디서, 누구와 이야기를 나누었을까?"

"내가 제일 기억에 남는 키워드 3개는 무엇인가?"

삼각형은 이런 그에게 정말로 어울리는 키워드이다. 다리가 세 개 달린 테이블이 네 개 달린 테이블보다 훨씬 안정적이다. 쉽게 흔들리지 않는다. 실천에 기반하는 그의 삶은 견고하다. 매일 새벽을 깨우는 그의 실천은 그런 그의 삶의 단단함을 보여주는 아주 작은 부분일 뿐이다. '빙산의 일각'이라는 말이 있는 것처럼 그의 삶은 보통의 사람들보다 훨씬 더 밀도가 있다. 그의 수줍음은 그야말로 빙산의 '일각'일 뿐이다.

"세상 사람들이 어느 곳으로 간다고 해서 그걸 쫓아가면 안 된다. 그건 그 사람들의 길이고 네 길은 따로 있을 것이다. 세상 사람들이 가는 길이 네 길이라면 따라가면 된다. 허나 그 길이 네 길인지 아닌지는 알고 가라."

● 　　　　　그의 아버님이 그에게 한 말이라고 했다. 내가 그
토록 오랫동안 찾아 헤맨 고민의 답을 그는 알고 있었다. 그렇게
살고 있었다. 내가 그렇게 찾아 헤맨 답은 '나다운' 삶이었다. 그리
고 그 방법 중 하나로 '스몰 스텝'을 실천했다. 그와 닮은 사람들을
만나면서 나는 한없이 겸손해졌다. 이미 그렇게 사는 사람들이 내
주변에 즐비했다. 그들은 유명하지 않다. 대단해 보이지도 않는다.
그러나 그 삶은 모래처럼 무너지는 '대단해 보이는' 사람들의 삶보
다 훨씬 더 단단했다. 자기다웠다. 그런 그를 자주 만난다. 매번 배
운다. 내 삶이 어제보다 오늘 조금 더 나아졌다면 모두 그들 덕분
이다.

이보다 더 뜨거운 주말은 없다,
북카페 투어

아무도 모를 것이다. 주말이면 신사역 8번 출구에서 채 5분도 걸리지 않는 거리에 서점이 생겼다 사라진다는 사실을…. 이름하여 'Twoday books'. 말 그대로 이틀만 열리는 서점이다. 팔리는 책은 고작 30여 종, 그것도 모두 독립출판 형식으로 나온 책들이다. 그러니까 출판사에서 '찍어낸' 책이 아니라는 것이다. 자신이 쓰고 싶은 내용을, 원하는 크기와 모양으로 만든다. 손바닥만큼 작은 책도 있고, 표지를 비단으로 만든 책도 있다. 양말만 이야기하는 책도 있고, 1년 362일간 카레만 먹은 사람의 책도 있다. 어머니를 통해 할아버지의 삶을 추적한 인터뷰 책도 있고, 경찰관들의 생생한 일상을 담은 아주 작은 책도 여기서 만날 수 있다. 책을 좋아하는 사람에게는 천국, 그렇지 않은 이에게는 그냥 스쳐 지나갈 이곳에서 아주 특별한 행사가 열렸다. 이름하여 '북카페 투어'다. 독서모임인 〈독깨비〉에서 책이 있는 공간을 투어하는 행사다.

●　　　　　행사의 순서는 간단했다. 독립서점 '투데이북스'의 실장이자 광고회사 '머쓰앤마쓰'의 김승열 대표가 이곳 공간이 만들어진 이유와 이곳에서 팔리는 책들에 대해 이야기해 주었다.

나는 두 번째 방문이라 그 충격이 덜했지만, 몇몇 사람은 이런 방식의 출판이 가능하다는 사실에 놀란 듯했다. 보통의 출간 경로를 따르지 않고도 자신의 책을 낼 수 있다는 사실을 아는 사람은 많지 않을 것이다. 그러나 그렇게 나온 책들로 가득 채워진 공간이 주는 힘은 컸다. '나도 책을 낼 수 있을까?'라는 물음표가 '나도 책을 낼 수 있겠다!'라는 희망으로 바뀌는 임팩트 있는 강의였다.

그리고 바로 이 공간에서 40대를 위한 글쓰기 교실이 열렸다. 이미 책을 써본 경험이 있는 나로서도 엄청나게 매력 있는 주제였다. 팔리는 책이 아닌, 출판사의 검열(?)을 거치지 않은, 오롯이 내가 쓰고 싶은 글들을 엮어낸다면 과연 어떤 책이 나올 수 있을까? 강연 내내 나는 머리를 굴려야 했다. 아마 그 공간에 있었던 많은 이들이 그랬을 것이다.

● 　　　　　그다음엔 자유롭게 책을 읽었다. 서른 종의 독립
서적이 빼곡한 공간은 금세 활기찬 에너지로 가득했다. 정말로 다
양한 책들이 많았다. 나는 또 어쩔 수 없이(좋은 의미로) 지갑을 열
어야 했다. 가장 먼저 고른 책은《작고 확실한 행복, 카레》라는 책
이었다. 디자이너로 보이는 저자가 도쿄의 카레 전문점 12곳을 투
어한 이야기였다. 그는 일 년에 362번 카레를 먹었다고 했다. 어린
시절 그 특유의 향 때문에 카레를 피했던 내겐 충격적인 내용이었
다. 물론 지금의 나는 카레를 무지하게 좋아한다. 한때는 라멘 집만
찾아다니는 일본의 어느 프로그램을 정주행한 적도 있었다. 기차
에서 파는 벤또(도시락)만 먹고 다니는 프로그램에도 열광한 적이
있었다. 낯선 공간과 낯선 음식, 하지만 좋아하는 음식들이 만드는
향연은 TV 프로그램이든 책이든 모두 매력적이다. 다행히 나의 선
택은 탁월했다. 주말 동안 먹지도 않은 카레 냄새가 집안을 진동했
다. 여기서 쉽고 간단한 책 쓰기의 노하우가 하나 등장한다. 자신이
좋아하는 것이 무엇이건, 그것을 1년 동안 쉬지 않고 글이나 영상
으로 남겨보는 것이다. 바로 이 책의 작가처럼 말이다.

● 　　　　　두 번째 책은《나이 먹방 에세이, 이렇게 많이 먹
을 줄 몰랐습니다》라는 책이었다. 이곳 '투데이북스'를 운영하는

두 사람이 함께 쓴 책이다. 책은 앞뒤에서 동시에 시작한다. 한 쪽은 40대 남자인 김승열 대표의 이야기가, 다른 한 쪽은 이 서점을 함께 운영하는 30대 김혜진 대표의 이야기가 각각 다르게 시작된다. 먹방이 넘쳐나는 세상에서 '나이'를 먹는 먹방의 컨셉이 신선하고 매력적이었다. 또 한 가지 독특한 점은 저자의 사인이었다.

김혜진 대표는 자신의 사인을 다음과 같은 문장으로 시작했다.

"나이에 맞게 말고, 나에 맞게 살아요."

김승열 대표는 이렇게 쓰고 있었다.

"오늘도 행복하고 맛있는 나이 드세요."

●   누가 카피라이터 아니랄까봐…. 짧고 굵은 메시지는 내가 듣고 싶은 이야기로 가득했다. 나로 사는 법, 오늘 행복해지는 법, 이 모두가 내가 스몰 스텝을 매일같이 지속하는 유일한 이유이자, 거의 모든 이유였다. 내 책에 사인할 때마다 쓸 문장을 고민하게 되는 계기도 됐다. 짧지만 인사이트 넘치는, 《스몰 스텝》을 위한 사인 문구를 무엇으로 하면 좋을까? 두 권의 책을 고르고 나서도 나의 욕심은 성에 차지 않았다. 몇 권의 책을 반복해서 들었다 놨다 했다. 장고 끝에 100여 켤레의 양말을 수집한 사람의 이야기는 다음에 사기로 했다. 나는 양말에는 관심이 없지만 사람에

겐 관심이 있다. 한 가지를 지치지 않고 좋아할 수 있는 사람은 위험한 사람이다. 그 사람이 어떤 사람인지가 적잖이 궁금했다. 언제고 이런 책을 낸 사람들을 인터뷰해도 재밌지 않을까?

●　　　　　해마다 불황이라는 출판계와 서점들의 아우성에도 불구하고, 여전히 주변엔 책을 좋아하는 사람, 글을 쓰고 싶은 사람들로 넘쳐난다. 돈 안 되는 일인 줄 뻔히 알면서도 기어이 자기만의 방식으로 책을 내는 독립출판 작가(?)들만 보아도 그렇다. 왜 우리는 주말의 이틀 중 하루를 이곳 북카페 투어에 쏟아붓고 있는가? 왜 우리는 글을 쓰고 싶어 하고, 책을 내고 싶어 하는가? 물론 그 이유는 사람마다 다를 것이다. 자식에게 유서 대신 책을 남기고 싶어 하는 사람도 있고, 출판사의 간섭과 갑질(?)이 싫어 자신의 뜻대로 책을 내고 싶어 하는 개성 넘치는 사람도 있다.

하지만 이 모든 걸 뭉뚱그려 한마디로 말한다면 그건 아마도 '본능' 때문일 것이다. 자신이 이 세상에 존재했다는 사실을, 그래서 무언가를 남기고 갔다는 사실을, 그로 인해 세상이 조금 더 좋아졌다는 사실을 기록으로 남기고 싶은 것이리라. 그런 열망이 독립출판을, 독립서점을 꾸준히 만들어 내고 찾게 하는 것은 아닐까?

●   독서가 고픈 이들에게 독서모임 〈독깨비〉를 권한다. 책 쓰기가 고픈 이들에게 '북카페 투어'를 권한다. 주말을 집안에서 빈둥거리는 것보다, 남들 다 가는 유원지에서 돈과 힘을 낭비(?)하고 오는 것보다 때로는 이런 독특한 사람들의 틈에 끼어 나도 몰랐던 숨은 욕구들을 채워보는 것은 어떨까?

아무 일도 하지 않으면 아무 일도 일어나지 않는다. 내 생각대로 살지 않으면 남의 뜻대로 살게 된다. 세상엔 자신이 원하는 삶을 살아가는 평범한 사람들이 의외로 많다. 그들을 만나는 것만으로도 당신 삶은 조금 바뀔 수 있을 것이다. 하물며 그런 사람들이 무리지어 모인 곳이라면? 더 말해 무엇하겠는가. 그런 모임이 실재한다. 신사역 8번 출구에서 5분을 걸어가면 있는 만복국수 바로 위 2층 '투데이북스'에서, 그 공간에 모인 '독깨비들'로 인해 당신의 익숙한 주말과 삶이 조금 더 흔들렸으면 좋겠다. 그 흔들림이 당신 삶을 조금은 더 좋은 쪽으로 옮겨 놓을 것이다.

당신의 목소리에
귀를 기울이면

나의 아버지는 가난했다. 그에 비해 친척들은 상대적으로 부유한 편이었다. 사람 좋은 아버지는, 그럼에도 시제가 있는 날이면 반드시 나를 그곳에 데리고 갔다. 그때마다 병원을 하시는 큰아버지 자랑을 그렇게 했다. 때로는 굽신거리는 것처럼 보이기도 했다. 특별히 도움을 받은 것도 없는데 그렇게 고마워하시는 아버지가 이해되지 않았다. 나중에 나이가 들어 그 병원에 가보니 이미 폐업한 상태였다. 조금 큰 2층집만한 병원은 실제로는 작은 의원이었다. 도시의 병원에 익숙한 나로써는 마치 어린 시절의 신화 하나가 산산이 깨지는 느낌이었다. 이제 혼자가 된 나는 더 이상 시제를 가지 않는다. 1년 내내 연락 한 번 하지 않고, 가봐야 수십 년간 데면

데면한 사이로 겉돌기만 하는 모임의 필요성을 느끼지 못해서다. 대신 벌초비는 꼬박꼬박 챙겨 내고 있다. 아마 앞으로도 그 모임에 가는 일은 없을 것이다.

● 　　　작은아버지가 암으로 병원에 입원해 계실 때였다. 한 무리의 사람들이 병실로 들어오더니 그중 유일하게 양복 입은 한 남자가 다짜고짜 작은아버지를 나무라기 시작했다. 예수를 믿지 않아서 큰 병에 걸린 것이니 앞으로 교회에 나오라는 명령조의 꾸지람이 쉴 새 없이 이어졌다. 나도 교회를 다니고 있었다. 하지만 아픈 몸을 억지로 세워 앉니 빠진 초라한 모습으로 그 모든 말을 받아내고 있는 작은아버지가 그렇게 안타까울 수 없었다. 마치 암탉 무리를 끌고 다니는 수탉의 모습을 한 그때의 목사 얼굴을 잊을 수가 없다. 얼굴엔 기름이 흘렀고 임산부만한 배는 설교 내내 출렁거렸다. 뒤따르는 한 무리의 여자 집사님들은 말끝마다 '아멘'을 외쳤다. 예수님의 조건 없는 사랑은 털끝만큼도 찾아볼 수 없었다.

● 　　　우리는 오랫동안 가족과 가문의 시대를 살았다. 그 안에서 수많은 위로와 격려와 염려와 걱정이 오고 갔다. 그 모

임에서 빠지는 것은 상상하기 힘들었다. 실제로 시제에 나오지 않는 작은아버지를 어른들은 모일 때마다 호래자식이라며 욕했다. 어떤 사정이 있는지, 무슨 어려움을 겪는지도 모르는 채 단지 그 모임에 나오지 않았다는 사실만으로 천하에 둘도 없는 나쁜 인간이 되는 사회이기도 했다.

그 자리를 대신한 게 교회였다. 내 젊은 시절의 8할은 교회와 교회 친구들로 채워져 있었다. 나는 그곳에서 '이유 없는 지지와 사랑'을 받았다. 내 삶의 반환점이 바로 거기서 시작됐다. 그러던 내가 지금은 새로운 교회를 찾아다니고 있다. 이전에 다니던 교회는 공중 기도시간에 정치적 관점이 다른 한쪽 편을 비난하고 있었다. 아이들 점심을 챙겨주려다 교회 일도 안하며 밥만 챙겨 먹는다는 눈치를 받기도 했다. 대가 없는 사랑은 사라지고 은연중에 정치 세력화한 교회에 더 이상 머물 이유가 없었다. 하지만 모임과 공동체는 사람에게 있어 본능이다. 사람은 혼자 살 수 없다. 가문과 교회를 떠난 사람들은 어디서 그 필요를 채우고 있을까? 나는 그 대안을 다양한 곳에서 찾아볼 수 있었다.

●   수를 셀 수 없을 만큼 많은 독서모임이 그곳이다. 취미에 기반한 모임은 또 얼마나 많은가? 카카오톡 단톡방 사용자

의 절반 이상은 동호회 사람들일 것이라 확신한다. 심지어 최근에는 코워크(Cowork)가 아닌 코리빙(Coliving) 브랜드로부터 '스몰 스텝'에 관한 강의 의뢰를 받기도 했다. 글쓰기 교실은 또 얼마나 많은지 모른다. 사람들이 자신의 이야기를 하고 싶어 하고 쓰고 싶어 하기 때문일 것이다.

소통과 공감에 관한 필요와 니즈는 인간에게 왜 그토록 절실한 것이어야 할까? 본능이라는 말을 쓰지 않고는, 유전자의 힘을 빌리지 않고서는 이해할 수 없는 대목이다. 나도 마찬가지다. 가문도 교회도 채워주지 못한, 함께함의 위로와 격려를 〈스몰 스텝〉 모임을 통해 얻고 있는 중이다. 스몰 스텝에 관한 책 한 권이 빌미가 되어 비슷한 사람들을 만날 수 있었다. 그들로부터 형언할 수 없는 사랑과 격려와 지지와 위로를 얻을 수 있었다. 나는 이 모임을 내 인생의 가장 큰 축복이라 감히 말할 수 있다.

●   얼마 전 나는 작은 프로젝트를 하나 시작했다. 〈스몰 스텝〉 모임에 있는 분들의 이야기를 직접 찾아가 듣고 글로 옮기는 'I Listen to You'라는 이름의 미니 자서전 시리즈를 기획한 것이다. 아이디어는 간단하다. 내가 가장 잘하는 글쓰기로 '스몰 스테퍼'들을 격려하는 프로젝트를 하나 하고 싶었다. 이미 운영진을

포함한 10여 명의 이야기를 브런치에 소개해 폭발적인 반응을 얻은 적이 있다. 나는 이렇게 작고 평범한 사람들의 이야기를 전하는 작업이 말할 수 없이 즐겁다. 그들의 소박하지만 감동적인 이야기를 부족하나마 나의 글솜씨로 더 많은 사람들에게 전달하고 싶은 것이다.

누구에게나 이야기는 있다. 꼭 유명하고 대단한 사람들의 이야기만 사람의 마음을 움직이는 것이 아니다. 사람은 누구나 한 권의 책이다. 평범함 속에 깃든 작은 비범함이 더 큰 공감과 위로를 줄 수 있다고 믿어 의심치 않는다. 내가 이 땅에 태어난 데에는 이유가 있을 것이다. 그 이유 중 하나를 발견한 나는 지금 한없이 기쁘다. 그것이 내가 그토록 반복해서 말해 온 '나다운' 삶임을 너무도 잘 알고 있기 때문이다.

이제
스위치를 켜세요

어느 날 중년의 남자가 찾아왔다. 함께 식사를 하고 차를 마셨다. 누구나 알 만한 대기업에서 일하던 그가 지금은 코칭을 배우고 책을 쓰고 있다고 했다. 여기까지는 평범한 만남이었다. 하지만 한 가지는 확신할 수 있었다. 많은 강연을 했지만 명함을 받아가는 사람은 언제나 극소수였다. 그리고 그들 중에서도 다시 만나는 사람은 1%도 되지 않을 것이다. 그런데 그 1%의 사람들이 결국 어떤 식으로든 변화를 만들어 낸다는 사실을 나는 알고 있었다.

나 같은 무명작가를 찾아와 조언을 구하는 사람이라면 틀림없이 많은 사람들을 만나고 왔을 것이다. 그는 실제로 점을 찍는 사람이었다. 나는 그 점이 이어질 때가 올 거라 생각했다. 그러나 그 시기가 언제일지는 아무도 알 수 없는 노릇이다.

● 〈쓰닮쓰담〉이라는 글쓰기 모임에서 그를 다시 만났다. 1기 모임은 자신의 글을 써와서 함께 읽고 합평을 하는 것이 전부였다. 그와 12주, 6번의 글쓰기 모임을 함께했다. 2기 모임도 함께했다. 모임 첫날 일본행 비행기 표를 예매한 상태에서도 글쓰기 모임에 참석할 정도로 열정적이었다. 2기 모임에도 개근을 한 것은 물론이었다. 그의 글의 특징은 양파 껍질처럼 벗기면 벗길수록 새로운 이야기들이 등장한다는 것이다. 더 놀라운 것은 그의 글이 점점 재미와 감동으로 채워지기 시작했다는 점이다. 게다가 그는 지금 스스로 선택한 원서 한 권을 직접 번역하고 있는 중이었고, 모임 날의 일본행은 그 원저자를 직접 만나기 위한 여행이기도 했다. 나는 비로소 그의 삶에 스위치가 켜지기 시작했다는 것을 직감할 수 있었다.

● 일본을 싫어하는 딸의 핀잔을 들으면서도 아빠는 굳이 일본행 비행기에 올랐다. 그리고 거기서 자신을 환대하는 일본인 친구를 만나 조금씩 마음의 문을 열기 시작한다. 굳이 계산

을 자처하는 테츠지 상의 말 한마디에는 딸의 마음을 읽은 일본인의 츤데레(쌀쌀맞고 인정이 없어 보이나, 실제로는 따뜻하고 다정한 사람을 이르는 말) 같은 유머가 그대로 녹아 있었다. 8년 전 중풍을 맞은 그의 삶에 어떤 변화가 있었던 걸까? 가뜩이나 양국 간의 관계가 얼어붙은 지금, 멀리서 날아온 한 한국인을 맞이하는 거친 인상의 한 남자, 그리고 그를 통해 자기 삶의 스위치를 켜 가는 중년 남자의 변화가 느껴졌다.

글에는 감동과 유머는 물론 생생함과 디테일까지 그대로 녹아 있었다. 얼굴이 제대로 나오지 않는 깜깜한 곳에서 사진을 찍기 위해 불편한 팔로 굳이 플래시를 켜주려는 테츠지 상의 마음, 그 따뜻함이 한 중년 남자의 삶에 한줄기 빛처럼 스위치를 켜고 있다는 사실을 그는 알고 있었을까?

●   글쓰기 모임 이전의 그는 '망설이는' 사람이었다. 뭔가 주저주저 하는 인상을 지울 수가 없었다. 하지만 가방 하나를 달랑 메고 일본으로 떠나는 그의 모습에서 나는 그의 삶의 온도가 이전과는 달라졌다는 사실을 직감할 수 있었다. 그런 그의 에너지는 글을 통해 고스란히 드러나고 있었다. 그는 최근에 적지 않은 연봉을 제시받고도 그 일을 거절했다고 했다. 이전처럼 오직 돈을

위해 다른 모든 것을 포기하는 삶을 살고 싶지 않다고 했다. 그렇
다면 그의 삶을 움직이는 진짜 힘은 무엇일까? 최근 그의 아내가
이제 본격적으로 돈을 벌었으면 좋겠다는 제안을 했다고 했다. 그
런 아내에게 그는 이렇게 말했다고 한다.

> "여보, 난 그냥 돈을 벌라고만 하면 힘을 낼 수가 없는 사람인 것 같아.
> 내가 그동안 투자해서 공부한 것들을 더 많은 사람들과 나누고 싶어. 그
> 결과로 돈을 벌 수 있다면 더 좋을 거 같아. 당신이 그런 나를 응원해 준다
> 면 더 신나게 일할 수 있을 것 같아."

● 　　　　그를 움직이는 힘은 무엇일까? 아마도 테츠지 상
의 모습에서 그를 움직일 힘의 원천을 비로소 발견했기 때문은 아
니었을까? 그는 따뜻한 사람이다. 남을 돕고 세우는 일에서 힘을
얻는 사람이다. 그는 삶의 절반을 세상이 원하는 일, 가족이 원하는
일, 상사와 동료의 인정을 받는 일에 모든 에너지를 쏟아부었다. 이
제는 그 자신을 위한 삶을 살 때가 되었다. 그런 새로운 삶을 찾기
위한 노력을 그는 게을리하지 않았다. 그가 원하는 삶의 가치도 이
제는 명확해졌다. 이제 그는 새로운 사진을 찍을 시간이다. 테츠지
상이 중풍으로 굳은 손을 들어 어렵사리 플래시를 켜는 장면이 선

명히 떠오른다. 그렇게 찍은 사진은 밝게 빛나는 환한 그의 표정을 그대로 담아내고 있었다. 나는 그것이 자신도 미처 몰랐던, 진짜 그의 모습이라는 사실을 알 수 있었다. 그의 삶은 앞으로도 더욱 크고 환하게 빛날 것이다.

Part 4 황홀한 글감옥에서 쓰담쓰담으로

〈황홀한 글감옥〉으로의
초대

어느 평일의 오후 4시 무렵, 나는 강남 교보문고에서 다음 날 있
을 미팅을 준비하고 있었다. 저녁 7시에는 〈황홀한 글감옥〉의 번개
가 있는 날이었다. 그때 스마트폰이 가볍게 울렸다. 약속시간을 착
각한 멤버 한 분이 근처에 와 있었다. 일을 접었다. 지하의 폴 바셋
에서 지상의 스타벅스 리저브로 자리를 옮겼다. 시간은 5시, 그렇
게 두 시간 빠른 모임이 시작됐다. 속속 다른 멤버들이 도착했다.
신기했다. 이렇게 두 시간 일찍 모임이 시작되는 경우는 난생처음
이었다. 100일간의 글쓰기를 위해 온라인에서 처음 만난(전부는 아
니지만) 얼굴들이다. 방장인 나도 낯선 사람들이 많았다. 단톡방의
프로필 네임과 실명과 얼굴을 대조하고 확인하는 시간이 이어졌

다. 그렇게 시작된 모임은 10시가 되어서야 끝이 났다. 모임의 50번째 되는 날이었다.

●　　　　　　〈황홀한 글감옥〉은 100일 동안 온라인에서 함께 글을 써보자는 취지로 시작되었다(지금은 60일로 기간이 줄었다). 단톡방의 이름은 조정래 작가의 에세이집 제목에서 따왔다. 이 글감옥은 하루 한 편 글을 써야만 탈출이 가능하다. 우리는 그것을 '탈옥'이라고 부른다. 한 줄 이상의 글이라면 무엇이든 상관없다. 인스타그램, 페이스북, 블로그, 브런치 등 글을 쓰는 플랫폼도 제각각이다. 단톡방에 직접 한 줄의 글을 올리기도 한다. 하지만 목적은 단 하나다. 매일 한 편의 글을 완성하는 도전을 즐기자는 취지다. 진짜 글이란 내용만큼이나 '지속가능성'에 있다는 사실을 믿는 사람들의 모임인 셈이다. 그러니 그 방법은 쉬워야 했다. 어느새 '인스타보험'이란 말도 생겨났다. 저녁에 무슨 일이 생길지 모르니 인스타그램에 한 줄이라도 적어두는 것을 말한다. 글을 완성한 사람은 자신이 쓴 글의 웹주소를 단톡방에 올려야 한다. 그렇게 하루 스무 편에서 서른 편에 가까운 글들이 매일 올라온다. 그날의 모임은 그렇게 50일을 달려온 사람들이 모여 회포를 푸는 자리였다.

●   도대체 왜, 그날 하루의 일을 쳐내기도 바쁜 성인들이 매일 한 편의 글을 써야만 하는 무모한 도전에 뛰어든 걸까? 시간이 많은 날은 글감이 없고, 대개의 경우 우리는 시간이 없다. 직장인은 직장인 대로 시간이 없고, 나 같은 자영업자(1인 기업가, 프리랜서 포함)는 혼자 일하기 때문에 더더욱 그렇다. 그런데 매일 밤 12시가 다가오면 진풍경이 펼쳐진다. 어떻게든 탈옥을 하려는 사람들의 뒤늦은 러시가 이어지기 때문이다. 11시 59분에 한 편의 글을 올리고 한숨을 내쉰다. 그러나 방심은 금물이다. 12시가 되면 다시 감옥에 갇히기 때문이다. 탈옥과 함께 바로 재수감인 셈이다. 그래도 이들의 글쓰기는 멈추지 않는다. 오히려 쓰는 글의 분량이 점점 더 늘어난다. 내용들이 시리즈의 형태를 띠기 시작하며, 그 사람의 생활이 안개 걷히듯 선명해진다. 자신의 일상에서의 감동을 기록하려는 자들의 열심, 그것은 '감동'이라고밖에 달리 표현할 길이 없다.

●   나는 글쓰기를 업으로 하는 사람이다. 무려 10년 넘게 전문적인 글쓰기를 계속해 왔다. 지금도 내 책을 포함해 여러 권의 책을 기획하여 쓰고 있는 중이다. 그래서 '이들'의 글쓰기를 향한 이러한 열심이 낯설 때가 있다. 세상에 돈도 안 되고 어려

운 일이 글쓰기, 책 쓰기이기 때문이다. 그럼에도 글을 쓰기 위한 모임들은 생겨나고 없어지기를 멈추지 않는다. 그런데 이들을 만나고 나서야 알았다. 사람들은 원래 그렇게 '설계'된 사람들이라는 것을…. 우리는 뭔가를 쓰고자 하는 '본능'을 안고 이 땅에 태어났다. 그것이 대단치 않은 일상일지라도, 평생 평범함에 머무를 범인이라는 사실을 알면서도, 우리는 어떻게든 뭔가를 기록으로 남기고자 한다. 이유는 한 가지다. 우리는 '인간'이기 때문이다. 삶에 '의미'를 부여하고자 하는 본능을 안고 태어났기 때문이다. 하지만 이것만으로는 뭔가 찝찝한 느낌을 지울 수 없었다. 평일 저녁 5시간 수다의 이유를 설명하고 싶었다. 우리는 왜 글을 쓰는가? 왜 한 권의 책으로 자신을 기록하고 싶어 하는가?

●   '나답게' 살고 싶기 때문이다. 글쓰기는 내 삶의 주인공이 나임을 확인해 가는 과정이다. 우리는 대부분 타인에 의해, 타인을 위해 재단 당하며 하루를 살아간다. '어떻게 너 하고 싶은 대로만 다 하고 사냐'라는 말을 우리는 숱하게 들어왔다. 부모님의 만족을 위해, 배우자의 인정과 사랑을 갈망하며, 가족의 생계를 책임지기 위해, 자녀들의 행복을 위해 거위의 간처럼 나의 행복을 포기하며 살아가는 것이 이 시대의 미덕이 아니었는가? 그런데

이제 사람들이 그 '미덕'에 지치기 시작했다. 직장인도, 주부도, 취준생도 하나같이 워라밸을 외치는 이유다. 심플라이프는 쉽게 뜨고 사라지는 일회성 트렌드가 아니다. 우리는 지금 매우 지쳐 있다. 누군가의 혹은 사회의 기대에 '부응해야만' 하는 삶에 의문을 품기 시작했다. 숱하게 많은 독서모임이 생겨나고, 한 발 더 나아간 책 쓰기 모임이 붐을 일으키고 있다. 취미와 리추얼을 도와주는 앱들이 우후죽순 생겨나고 있다.《스몰 스텝》이란 책이 매개가 된 일명 '스몰 스테퍼'들의 활약도 눈여겨볼 만하다. 이들의 자발적인 실행력을 옆에서 지켜보면 놀라울 정도다. 〈황홀한 글감옥〉도 그렇게 한 번 말해 본 것이 실행된 경우이다. '한 번 해 볼까?' 하는 제안으로 시작된 단톡방이 무려 예닐곱 개에 달한다. 이들이 원하는 것은 한 가지다. 한 번뿐인 내 인생, '나답게' 살아보고자 하는 열망이다.

●   그렇다면 '나답게' 산다는 것은 어떤 걸까? 매일 한 편의 글을 쓰는 것과 나다운 삶 사이에는 어떤 상관관계가 있을까? 한 편의 글을 쓰는 순간 나는 그 글의 주인이 된다. 어느 누구도 내 인생을 대신 살아줄 수 없기에 그렇다. 글을 쓰는 과정은 삶을 복기하는 과정이다. 누구나 1년에 한 번은 자신의 삶을 돌아본다. 계획한다. 그래서 연초에 다이어리가 불타나게 팔리는 것이

다. 가끔씩은 친구 부모님의 장례식장에서 내 삶을 평가한다. 나는 잘 살고 있는가? 나는 어떻게 살아야 하는가? 이 과정들이 자각을 불러온다. 다른 누군가의 기대에 부응하는 삶이 아닌, 내 삶을 살고 싶어 하는 욕심이 비로소 들불처럼 이는 것이다. 하지만 일상으로 돌아오면 그 감흥은 연기처럼 사라진다. 휘발된다. 그런데 그 과정을 '매일' 해볼 수 있다면? 글감옥의 수감과 탈옥이 매일 반복되는 이유는 그 때문이다. 다른 누군가가 1년에 한 번 할 일을, 이곳의 글감옥 수감자들은 매일 반복한다. 그것이 다른 점이다. 그냥 이대로 살아도 되는 걸까? 어떻게 사는 것이 행복한 삶일까? 내 인생의 주인이 되기 위해 지금 당장 무엇을 해야 할까? 매일 다른 이들이 올리는 글들은 이런 질문과 자극을 던진다. 마치 영화 〈매트릭스〉에 나오는 '붉은 알약'과도 같다. 자신이 살아가는 세상의 주인이 되기 위한 첫 번째 관문인 셈이다.

●   우리는 누구나 한 번의 삶을 산다. 그것은 변함없는 진리다. 그러나 모두가 자기 삶의 주인공으로 살아가진 못한다. 우리가 매일 출근하는 이유는 즐겁고 행복해서가 아니다. 그러지 않으면 나의 가족들이 굶을 것 같고, 타인의 손가락질을 받을 것 같은 두려움 때문이다. 누군가는 그것을 '운명'으로 받아들인다.

하지만 몇몇의 돌연변이(?)들은 질문을 던진다. 그리고 일탈을 시작한다. '나답게' 살고 싶다는 신음소리가 '아우성'이 된 요즘이다. 눈치 빠른 광고계 사람들이 매일 같이 카피로 써먹는 바람에 다소 식상하기도 한 표현이지만, 그 의미만큼은 선명하다. '한 번뿐인 내 인생, 내가 주인으로 살고 싶다'는 것이다.

그리고 이런 삶을 가능케 하는 첫 출발이 바로 기록이다. 글쓰기다. 책 쓰기다. 그래서 오늘도 우리는 글감옥에 수감된다. 12시가 되면 문이 닫히고, 다시 자유를 얻기 위한 글쓰기의 전쟁이 매일같이 계속된다. 뭔가 쓸거리를 찾기 위해 주변을 두리번거린다. 사람을 만나도, 사고를 쳐도, 기막힌 노을을 보아도, 이 모두가 글감옥의 수감자들에겐 '쓸거리'가 된다. 그런데 그런 삶이 바로 '주인공의 삶'이란 것을 알고 있는가? 내 인생의 주체가 되어 사람들을 만나고, 일을 하고, 주변을 돌아보는 삶, 그러한 기록들을 몇십 편 엮으면 한 권의 책이 된다. 자기 인생의 주인공으로 살지 못한다면 결단코 불가능한 일이다.

●　　2019년 5월에는 온라인 모임인 〈황홀한 글감옥〉과 별도로 오프라인 모임인 〈쓰닮쓰담〉이 생겨났다. 이제는 아예 한자리에 모여서 글을 쓰기로 한 것이다. 목표는 '한 권의 책 쓰기'

다. 한 달에 한두 번, 한곳에 모여 '주제'를 제비 뽑는다. 그 주제로 가볍게 토론을 하고, 1시간 동안 실제로 글을 쓴다. 그리고 서로의 글을 피드백(합평)한다. 그렇게 몇 달을 지속하며 한 권의 책을 만드는 '소스'들을 모은다. 다람쥐가 모아놓은 도토리처럼, 그 글감들은 인생의 주인공으로 살기를 원하는 이들의 에너지원이 된다. 매일의 글쓰기는 그렇게 조금씩 확장의 과정을 거친다. 그 변화는 하루아침에 놀라운 변화를 만들어 내진 못할 것이다. 하지만 1년이 지나고 2년이 지나고 다시 5년, 10년이 지나면 어떤 일이든 반드시 벌어지고 말 것이다. 자기 인생의 주인공으로 살아가는 사람에게만 일어나는 특혜다. 나는 그렇게 4쇄를 찍은 《스몰 스텝》이라는 책의 주인공이 되었다. 그 이후 참으로 많은 것들이 달라졌다. 글감옥은, 글쓰기 모임은, 그렇게 자신의 인생을 바꿔가려는 사람들이 필연적으로 겪어야 하는 영광의 상처다. 나는 지금 그 놀라운 변화의 시작 앞에 서있다. 매일 한 편의 글쓰기로 시작된 가장 '나다운' 삶들이 지금 막 시작되려 하고 있다.

《황홀한 글감옥》
매일 한 편의 글을 쓰고 글 주소를 공유합니다. 시즌제로 운영 중입니다(참여코드 : prison). https://open.kakao.com/o/gSbnzIOb

60일 간의
행복한 글쓰기 여행

　매우 즉흥적인 제안이었다. 가능하면 더 많은 분들과 글쓰기를
하고 싶었다. 매일 한 줄이라도 함께 써보자는 취지에서 만들어진
〈황홀한 글감옥〉, 그 네 번째 시즌을 시작한 지 며칠 지나지 않아
'5,000원 프로젝트'를 제안했다. 내용은 간단하다. 원하는 분에 한
해서 각자 5,000원씩 내고 마지막날 서로 선물을 나누는 신나는
쫑파티를 해보자는 취지였다. 솔직히 몇 명이나 지원할까 싶었는
데 무려 50여 분이 참여했다. 정말로 축제가 되었다. 만 원도 아닌
5,000원의 행복인 셈이었다. 그렇게 60일의 여정이 끝나고 쫑파티
날이 되었다. 지방이나 해외 참가자들을 대상으로 생전 처음 페이
스북 라이브방송을 했다. 반응은 뜨거웠다. 금액에 맞춰 선물을 준

비하고, 즉석에서 제안한 사다리 게임으로 당첨자를 찾았다. 완주자들에겐 더 높은 당첨확률이 주어졌다. 온오프라인이 한마음으로 떠들썩했던 금요일 늦은 오후의 작은 축제였다.

• 　　　　　　글을 잘 쓰고 싶다면 매일 쓸 수 있어야 한다. 매일 쓰려면 함께 쓸 수 있어야 한다. 신뢰할 수 있는 사람의 지지와 격려만큼 글쓰기에 힘이 되는 것이 또 있을까? 많은 사람들이 글쓰기를 힘들어하고 어려워하는 이유는 평가에 대한 두려움 때문이다. 나의 생각을 민낯으로 드러내는 작업이 다름 아닌 글쓰기다. 어쩌면 부끄럽고 두려운 것이 당연한 일이다. 아무리 글쓰기에 왕도가 없다지만, 나는 어떤 의미에서 〈황홀한 글감옥〉이 더 좋은 글을 쓰고 싶어 하는 사람들의 지름길 중 하나라고 생각한다.

　매일 스무 명 이상의 사람이 빼곡히 자신의 글쓰기를 단톡방에 인증한다. 그 리스트를 보는 것만으로도 '써야겠다'는 마음이 동할 때가 한두 번이 아니다. 굳이 그들의 글을 모두 읽어보지 않아도 괜찮은 것은 그 때문이다. 나와 함께 매일 글을 쓰는 사람이 있다는 것만으로도 절반은 성공이다. 그런데 그런 이들을 오프라인에서 축제로 만나니 즐거울 수밖에 없다. 뒤풀이 자리가 유독 흥분되었던 건 바로 그 때문이다. 처음 만난 사람들이 어제 만난 사람들

처럼 웃고 떠들 수 있었다. 글감옥을 탈출한 사람들의 유쾌한 잔치
였다.

● 　　　　　60일 동안의 〈황홀한 글감옥〉은 앞으로도 계속
될 것이다. 5,000원 프로젝트도 계속할 것이다. 달라진 점이 있다
면 완주자에게는 60일 여정을 축하하는 기념품이나 메달을 만들
어 100% 선물하기로 한 것이다. 이렇게 되면 시즌이 계속될수록 2
관왕, 3관왕, 4관왕이 나올 수 있을 것이다. 그리고 그 결과 그들의
글은 '더 나아질 것'이라 확신한다. 그들의 글 창고는 더 두둑해질
것이고, 그들의 글쓰기 근육은 더욱 튼튼해질 것이다. 그들 중 일부
는 브런치 작가가 될 것이고, 그들 중 일부는 실제로 책을 내는 작
가가 될 것이다. 생각만 해도 흥분되는 일이 아닐 수 없다. 그들이
책을 내면 또 다른 의미의 축제가 시작되는 셈이다. 우리의 글쓰기
여정이 도달하고자 하는 궁극의 목적지다.

　하지만 〈황홀한 글감옥〉의 진정한 의미는 매일의 작은 도전이
고, 그것이 가져다 주는 소소한 성공이며, 그 결과로 주어지는 자존
감의 상승이다. 이 과정을 통해 나의 참모습을 발견하는 것이며, 나
를 믿고 지지해 주는 진정한 친구들을 만나는 것이다.

●   어떤 이는 운동을 통해 살아갈 힘을 얻는다. 어떤 이는 독서를 통해, 어떤 이는 매일 그리는 그림을 통해, 어떤 이는 다이어트를 통해 하루를 견뎌낼 힘을 얻는다. 우리는 모두 다르고, 그래서 우리를 만족시키는 욕구 역시 다를 수밖에 없다. 스몰 스텝에서는 그것을 '드라이빙 포스(Driving Force)'라고 부른다. 자신을 움직이는 힘을 발견하는 것만큼 중요한 것이 또 있을까?

그런데도 많은 사람들이 타인의 기준에 따라 삶의 목표를 정한다. 자신의 숨은 욕구를 외면하거나 무시한다. 타인의 욕구를 만족시키기 위해 자신의 일상을, 자신의 일생을 희생하는 것이다. 하지만 글을 쓰다 보면 나를 움직이는 진짜 힘을 비로소 만날 수 있다. 진정한 의미의 나다운 삶은 자신의 숨은 욕구의 민낯을 발견하는 일에서부터 시작되어야 한다. 그리고 그것을 위한 가장 쉬운 방법 중 하나가 다름 아닌 글쓰기이다. 더 쉬운 방법은 함께 글을 쓰는 것이다. 글쓰기는 자신도 몰랐던 나의 참모습을 찾을 수 있도록 도와주는 보이지 않는 인도자이다. 게다가 글감옥에는 그런 가이드들이 하나 가득이다. 그러니 내가 누구인지 알고 싶다면, 나다운 삶을 살고 싶다면 매일 수감과 탈옥을 반복하는 글감옥을 함께 해보자. 우리는 글쓰기에 게을렀던, 자기 찾기에 서툴렀던 범죄자(?)들을 기꺼이 환영할 것이다.

나를 발견하는
14가지 질문

아버지가 돌아가셨다. 죽음에 초연한 그를 축제처럼 보내드렸다. 바로 이어 강아지가 죽었다. 8년 동안 가족처럼 지내던 강아지였다. 갑자기 남편이 세상을 떠났다. 암 재발을 선고받은 지 19일만의 일이었다. 그리고 상담을 받던 수강생마저 세상을 떠났다. 그녀의 삶은 완전히 무너졌다. 이보다 더 힘들 수 있을까 싶을 때마다 바닥이 무너지는 경험이었다. 그렇게 2년 동안 5번의 죽음을 맞닥뜨려야 했다. 조용한 고백이었지만 마음이 먹먹한 이야기였다. 우리는 마치 한 권의 책을 읽는 듯한 마음으로 그녀의 이야기를 들었다. <쓰닮쓰담>이라는 글쓰기 모임의 평일반, 첫 번째 시간이었다.

● 　　　　첫 번째 과제는 '자서전'이었다. 정해진 양식에 따라 빈칸을 채우면 그만이었다. 하지만 막상 그 칸을 채우는 것은 쉽지 않은 일이다. 나에게 가장 소중했던 친구, 멘토, 내 삶에 찾아왔던 고통스러운 순간, 인생의 좌우명 … 그렇게 14개의 질문에 답하는 동안 '나'라는 존재를 진지하게 마주하게 된다. 그리고 되묻게 된다. 나는 지금까지 어떤 삶을 살아왔는가? 나를 움직이는 힘은 무엇인가? 내게서 에너지를 빼앗아 가는 존재는 누구인가? 앞으로 어떻게 살아야 하는가? 하나같이 묵직한 질문들이다. 그래도 답해야 한다. 내가 누구인지 알기 위해서…. 그런데 타인의 진솔한 이야기가 부싯돌이 된다. 아, 저 사람은 나랑 이래서 비슷하구나. 나와 같은 상황인데 저렇게 다르게 반응했구나. 그런 깨달음이 막연했던 내 답들에 한줄기 빛이 되어준다. 다섯 번의 죽음 앞에서 자신을 지킬 수 있었던 J님의 이야기가 우리의 마음을 움직인 건 그 때문이었다.

● 　　　　S님은 운동을 통해 아이들을 가르친다. 한쪽 귀가 잘 들리지 않는 불편함이 특수교육의 길로 그를 이끌었다. 그는 돈보다 자신이 좋아하고 잘하는 일을 해야 행복하다고 믿는다. 아이들을 가르치고 사람들을 연결하는 삶이 그를 움직이는 가장 큰

동력이다.

조용한 줄로만 알았던 K님은 행글라이더 타던 이야기를 했다. 적당한 기류를 만나면 새도 행글라이더도 하늘에 떠있을 수 있다고 한다. 그렇게 자연과 하나가 되는 순간, 그 하늘을 내려오기 싫어서 난기류에 구토를 하면서도 하늘을 날았다는 믿을 수 없는 이야기를 들었다. 어떤 이야기를 글로 쓰고 싶냐고 다시 물었다. 유기견 보호소에서 만난 주먹만한 강아지를 떠나보낸 이야기를 쓰고 싶다고 했다. 오직 새끼를 낳기 위해 길러지다가 뒷다리가 퇴화된 강아지, 그 이야기를 다시 할 때는 K님의 눈가가 촉촉이 젖어 있었다. 이 사람을 움직이는 힘을 발견하는 순간이었다. 드넓은 하늘과 강아지, 자연과의 교감이 그녀를 움직이는 힘이었다. 그녀는 지금도 그런 삶을 살고 있을까?

●   많은 이들이 '나답게' 살기를 원한다. 하지만 그것이 어떤 의미인지를 아는 사람들은 의외로 많지 않다. 지난 10년간 같은 주제로 고민해 온 나도 마찬가지였다. 그러나 지금은 답할 수 있다. 나답게 살기 위해선 우선 내가 어떤 사람인지 알아야 한다. 그래서 나는 매일 세 줄의 일기를 썼다. 거기에는 내게 힘을 주는 것들, 내게서 힘을 빼앗아 가는 것들의 리스트가 빼곡히 적혀

있다. 나는 글을 쓸 때 힘을 얻는 사람이었다. 강연으로 사람들과 소통할 때 비로소 살아있음을 확인하는 그런 사람이었다. 그래서 용기를 내어 글쓰기 과정을 열었다. 어설프게 시작했던 1기 모임에서 보석처럼 빛나는 사람들을 만났다. 난독증으로 읽기도 힘들어했던 L님이 연달아 멋진 글들을 써낼 때면 탄성이 터져 나왔다. 그때 나 역시 가장 나다워지고 있었다.

〈쓰닮쓰담〉은 사람을 글로, 책으로 만나는 곳이다. '쓰면서 닮아가고, 쓰면서 담아간다'는 뜻이다. '쓰다듬는다'는 중의적인 의미도 있다. 이보다 더 진솔할 수 없는 시간이었다. 그렇게 1기 멤버 대부분이 2기로 이어졌다. 어쩔 수 없이 2기 평일반을 새로 만들었다.

●   아침에 읽은 이오덕 선생님의 이야기가 문득 떠올랐다. 아이들은 글쓰기를 통해 자신을 발견하는 기쁨을 얻는다고 했다. 그리고 그런 글은 위안으로 이어진다고 했다. 마냥 철 없을 것 같은 아이들도 글을 통해 자기를 알아갈 수 있다는 말이다. 하물며 어른들은 어떻겠는가. 우리는 절대로 우리답게 살아야 한다. 다른 누군가와의 비교나 경쟁이 아닌, 세상에 단 하나뿐인 유일무이한 존재로서의 삶을 살아야 한다. 나는 그것이 우리에게 삶을 허락한 누군가를 향한 예의라고 믿는다. 그러니 한 시간의 삶도 허

투루 살 수 없다. 그러니 이제 나를 알아야 한다. 나를 발견해야 한다. 나를 움직이는 힘(가치)을 따라 살아갈 때 우리의 삶은 비로소 나다운 것으로 변하기 시작한다. 우리는 그 도구로 '사람 책'을 만나고 있다. 다음 모임 땐 또 어떤 사람 책을 만날 수 있을까? 부디 나만의 기대가 아니길 간절히 바래본다. 적어도 그날의 나는 나답게 살고 있었다.

어느 수요일의
글쓰기 교실

그녀는 한마디로 '취미 과다보유자'다. 항상 '뭐 배울 게 없나?'를 입에 달고 다닌다. 한 번은 기타와 사랑에 빠졌다. 하지만 배우기 어렵다는 이유로 그 사랑은 쉽게 식었다. 대신 우쿨렐레가 그녀의 눈에 들어왔다. 기타보다는 훨씬 쉬웠다. 관련 모임에 나가기 시작했다. 우쿨렐레를 직접 만들었다. 울림통의 한 가운데 구멍을 할로윈 호박 모양으로 장식했다. 그러나 이 취미도 정점에 이르자 이내 시들해졌다. 그다음은 서핑에 빠졌다. 100만 원짜리 보드를 사서 강원도 양양을 제집 드나들듯 왔다갔다 했다. 그다음은 프랑스 자수, 그다음은 그림 그리기 … 그녀는 꾸준함이 없는 스스로를 부끄러워하고 있었다. 뭐 하나 지그시 붙들고 늘어지지 못하는 자신을 낮추어 말하고 있었다. 우리는 그녀의 이야기를 듣고 저마다 떠오른 단어를 하나둘씩 이야기하기 시작했다.

열정, 호기심, 새로움, 몰입, 덕질, 실행력 …

꾸준하지 못함을 탓하는 사람은 아무도 없었다. 대신 '그녀를 움직이는 힘'의 원천을 찾기 위해 저마다의 조언을 아끼지 않았다. 긍정의 단어들이 그녀를 새롭게 정의하기 시작했다. 사람은 달라지지 않았지만 '꾸준하지 못하다'는 부정적인 단어가 '열정'과 '호기심'으로 완전히 바뀌어 있었다. 작지만 놀라운 변화였다.

이날은 자기발견과 브랜딩을 위한 글쓰기 워크숍 〈쓰닭쓰담〉의 평일반 두 번째 모임이 열리는 날이었다. 7시에 시작된 모임이 9시 반을 넘겨서야 겨우 끝이 났다. 그중 두 분은 아예 자신의 이야기를 꺼내놓지도 못하고 끝났다. 그렇게 7명의 각기 다른 삶의 이야기가 주마등처럼 스쳐 지나갔다. 그들의 이야기를 옮겨 적은 메모장이 빼곡하게 채워져 있었다.

●   '나답다'는 것은 무엇일까? 내가 나름대로 내린 정의는 다음과 같다. 나답다는 것은 '나를 움직이는 힘을 따라 살아가는 것'을 말한다. 우리는 그 힘을 '욕구' 또는 '가치'라고 부른다. 이때의 가치는 어떤 '쓸모'라는 뜻도 있지만, 대상과의 '관계'에

서 오는 '중요성'을 의미한다. 이 모든 사전적인 의미들을 조합하면 나답게 산다는 것은 '나를 움직이는 욕구와 가치를 따라 살아가는 삶, 타인과의 관계를 통해 그 가치를 전파하는 삶, 그러나 그 욕구는 모름지기 선해야 한다.'고 설명할 수 있다. 히틀러도 자신을 움직이는 힘을 따라 살아간 사람이었지만 그것은 어쩌면 미움과 증오가 아니었을까? 그런 이들을 '나답게' 살았다고 말할 수는 없는 법이다.

우리를 움직이는 결핍과 두려움조차 긍정의 단어로 바꿔놓는 것, 이날 함께 들은 세진 님의 이야기는 그런 나다움을 정의하는 좋은 모델이 되어 주었다. 다른 여섯 분의 이야기는 더 말할 것도 없었다. 웃음과 눈물이 교차하는 시간이었다. 그러면서 한편으로 '아, 나는 이런 소통을 통해 더 나다워지고 있구나…' 하는 생각이 들었다.

● 　　　　　어린 시절의, 젊은 시절의 나를 움직인 힘의 원천은 '두려움'이었다. 낙오되지 않기 위해, 놀림을 당하지 않기 위해, 평범한 삶의 범주에 들기 위해 발버둥치는 삶이었다. 그러나 그 두려움을 '용기'라는 단어로 바꾸자 놀라운 일들이 벌어지기 시작했다.

원하는 공부를 하기 위해 군대를 다녀온 머리로 수능 시험을 다시 치렀다. 내 스스로에게 떳떳하기 위해 50kg의 몸무게로 군대를 자원했다(살을 좀 빼면 군대를 안 갈 수도 있었다). 서른다섯의 나이에 웹 기획자에서 글쓰는 에디터로 직업을 바꾸었다. 두려움도 많았지만 나름대로는 용기를 낸 적도 적지 않았다.

그렇게 새롭게 나를 정의하자 소심하고 예민하다고 생각했던 내가 섬세하고 사려 깊은 사람으로 다르게 정의되기 시작했다. 지금은 500여 명이 모인 〈스몰 스텝〉이라는 모임의 출발점이 되는 영광을 누리고 있다. 그들의 지지와 격려가 내 삶을 바꾸었다. 내게 있어 '용기'라는 가치는 나를 살린 단어였고, 주변을 변화시키는 힘의 원천이 되어 주었다. 나는 그렇게 매일 조금씩 나다워질 수 있었다.

●   나답게 살아가는 사람들을 보라. 그들 주위에는 특유의 '에너지'들이 넘쳐 흐른다. 안타깝게 세상을 떠난 설리를 이해한다는 윤정 님의 이야기는 '깊은 유대감'이 얼마나 위대한 가치인지를 웅변하고 있었다. 희주 님은 악동뮤지션의 신곡으로 자신만의 탁월한 예술적 심미안을 유감없이 보여주었다. 은경 님은 '다정이 병'일 정도로 다정한 사람이었다. 그녀는 그 병을 '불치병'으로 정의하고 다정한 삶을 꿋꿋이 살아가기로 다짐하고 있었다. 민

기 님은 군대 면제를 받은 것을 계기로 특수체육을 업으로 삼았다. 장애를 가진 아이들을 향한 마음이 그의 확신에 찬 미소를 타고 고스란히 전해져 왔다. 연화 님은 주변 사람들에게 자신이 어떤 사람인지 알려달라고 문자를 보냈다고 했다. 초록, 모자, 나무, 자연, 커리어우먼, 보살, 인연에 최선을 다하는 사람, 설레임, 올곧은, 바른… 그녀를 묘사하는 답 문자들이 쇄도했다고 했다. 그날 그녀는 온몸에 에너지가 '빵빵'해졌다고 말했다. 태연 님은 몇 년 전 세상을 떠난 반려견 뽀미의 마지막을 어제 일처럼 얘기해 주었다. 사랑이 넘치는 사람임이 이로써 분명해졌다.

우리는 이렇게 모두 달랐다. 이 모든 이야기는 그들만의 '나다운' 삶을 정의하기 위한 훌륭한 소스가 될 것임에 분명해 보였다.

●   단순히 글을 잘 쓰는 것은 의미가 없다. 그 목적이 분명해야 오히려 좋은 글이 나온다고 나는 믿는다. 나는 우리가 함께하는 글쓰기를 통해 '나다움'을 발견하고 실천하는 계기가 되기를 바랬다. 한마디로 나를 '브랜딩'하는 것이다. 세상에 단 하나뿐인 나의 존재를 재확인하는 것이다. 나만이 가지고 태어난 소중한 '가치'를 발견하고 체화하고 전파하기 위해서다. 이 세상을 내가 다녀감으로써 세상이 조금은 더 살만해지는 곳으로 변화하는 것,

그것이 우리에게 주어진 인생을 살아가는 가장 지혜로운 선택이 아닐까?

가르치기 위해 선 자리에서 더 많은 것들을 배운다. 함께하고 있는 수강생들에게 매주 새로운 것을 배운다. 이미 그들답게 살아가고 있는 사람들을 통해 나는 또 한 번 겸손해진다. 그리고 또 한 번 나다워진다. 또 한 번의 멋진 수요일이 그렇게 조용히 충만해지고 있었다.

위그든 아저씨와
버찌 씨

조그만 사탕가게를 하는 위그든 씨 앞에 어느 날 한 아이가 찾아온다. 형형색색의 사탕을 신중하게 고르고 또 고른 아이는, 위그든 씨 앞에 소중하게 종이로 둘러싼 버찌 씨 몇 개를 내놓는다. 위그든 씨의 눈가가 알듯 모를 듯 움찔한다. 아마 그 짧은 시간, 위그든 씨는 이 상황을 이해하고 그에 맞게 대응하기 위해 엄청나게 많은 힘을 쏟았을 것이다. 이 아이가 왜 버찌 씨를 내밀고 있는가? 그것도 진짜 돈을 다루듯 소중하게 말이다. 어쩌면 이 아이에겐 버찌 씨가 돈과 같은 역할을 하는 것일지도 모르겠구나. 그렇게 잠깐의 시간이 흐른 후 위그든 씨가 아이에게 이렇게 이야기한다.

"얘야, 돈이 너무 많구나. 여기 잔돈도 받아가렴."

●　　　　나는 이 이야기를 〈쓰닮쓰담〉에서 들었다. 어렴풋이 기억에 남아 있던 이야기였다. 어린 마음에도 '이건 뭐지?'라는 의문을 품었던 기억이 난다. 함께 글쓰기를 공부하는 선아 님은 이렇게 상대방을 '이해'하고 '존중'하는 삶을 살고 싶다고 했다. 가슴 뭉클한 감동이 찾아왔다. '존중'이라는 단어를 이렇게 생생하게 배워본 적이 있을까 싶었다. 어차피 돈이란 것도 그 자체로는 그만한 가치를 지니지 못한다. 화폐란 약속이다. 서로가 그에 상응하는 대가를 지불하겠다는 약속을 지킨다면 버찌 씨가 돈의 역할을 못할 것도 없다. 기억 저 먼 곳에 숨어 있던 위그든 씨가 그렇게 내게로 다가왔다. '가치' 있는 삶이란 이런 것이겠구나 싶었다.

●　　　　성재 님은 과거 일했던 업계에서 억대 연봉 제안을 거절한 이야기를 들려주었다. 보통의 사람으로선 이해할 수 없는 결정이었다. 그러나 그의 선택은 단호했다. 그는 과거의 삶을 되풀이하고 싶지 않다고 했다. 돈보다 더 중요한 것이 있다고 했다. 그에겐 '소통'하는 삶이 부유한 삶보다 더 소중한 가치였다. 돈을 더 많이 벌기 위해 가족, 친구, 지인과의 진정한 소통을 방해받는 삶을 살고 싶지 않다고 했다. 나는 스스로에게 물어 보았다. 지금의 삶을 억대의 연봉과 바꿀 수 있을까? 나도 같은 결정을 할 수 있을

지 차마 장담할 수 없을 것 같았다.

● 　　　　세 시간의 글쓰기 모임을 마치고 토욜 님과 함께 전주로 내려갔다. 점심도 대충 떼우고 부리나케 달려간 시간은 오후 5시. 2시에 시작된 모임은 이미 세 시간을 지나 있었다. 그러나 '스몰 스텝'이라는 이유로 모인 이들은 미동도 없이 한 시간 가까이 내 강의를 들어 주었다. 뒤풀이는 2차까지 갔다. 아침 10시 공주에서 오신 분은 아마도 12시간을 우리 모임과 함께했을 것이다.

　무엇이 이들을 주말의 소중한 황금시간과 맞바꾸어 가며 이 모임에 오게 만들었을까? 이들을 여기까지 데려온(?) 열정의 근원은 과연 무엇이었을까? 나는 그것을 'Driving Force'라는 이름으로 설명해 주었다. 우리가 추구하는 '가치'이자 선한 영향력이라고 말했다. 오전의 글쓰기 강의와 오후의 스몰 스텝 강의가 이렇게 만나고 있었다.

● 　　　　'인생 뭐 별거 있냐'며 사는 삶이 쿨해 보일 수도 있다. 하지만 삶은 그렇게 가볍게 다룰 선물이 아니다. 우리는 각자 다르게 태어났고, 그 삶에는 나름의 이유가 있다고 믿는다. 자기답

게 산다는 것은 자신을 움직이는 삶의 동력을 찾아가는 것이다. 그 에너지를 선한 영향력으로 주변 사람들에게 환원하는 것이다. 위그든 씨가 그랬던 것처럼, 성재 님이 그랬던 것처럼, 〈스몰 스텝〉 전주 모임에 참여했던 이들처럼 우리는 저마다 소중하게 여기는 '가치'를 좇아 살아갈 수 있어야 한다. 이런 삶을 살아갈 때 자칫 추상적일 수 있었던 '존중'과 '소통'이라는 가치가 선명하게 되살아난다. 나는 이것이 진짜 '자기답게' 살아가는 것임을 다시 한번 눈으로 확인할 수 있었다.

● 좋은 삶이란 어떤 것일까? 꼭 크고 대단한 성공과 성취를 거두는 삶이어야 할까? 누군가에게는 그것 자체가 가치 있는 삶일 수도 있을 것이다. 하지만 적어도 이날 만난 사람들은 조금 다른 삶을 살아가고 있었다. 매일 조금씩 변화하는 삶, 자신이 중요하게 생각하는 가치에 열중하는 삶, 어떻게 하면 나답게 살아갈 수 있을지 고민하는 삶, 그런 사람들을 함께 만나 에너지를 주고받는 삶 … 나는 그런 삶의 원형들을 매일 만나며 그다음 날 쓸 글감들을 마련한다. 그래서 지금이 좋다. 이 순간들이 소중하다.

내게 중요한 '소통'이란 가치도 이런 방식으로 현실이 된다. 확신을 가지고 글을 쓰고 말로 전할 수 있다. 이 모든 설명을 〈쓰닮쓰담〉

을 함께하고 있는 김주미 대표님이 한마디로 정의해 주었다. 나는 이 말을 오래도록 기억하기로 했다. 자기답게 살아가는 사람이 아니면 결코 할 수 없는 말이라 생각했기 때문이었다.

"내가 결정한 단어의 정의가 내 삶의 질을 결정한다."

천 일 동안의
글쓰기

사람들이 묻는다. 어떻게 하면 그렇게 매일 글을 쓸 수 있냐고?
곰곰이 생각한다. 글쓰기가 가장 쉬웠어? No, No. 세상에 다시 없
을 재수 없는 대답을 할 뻔했다. 하지만 속으로는 이렇게 말한다.
그렇게까지 어렵진 않았다고. 예를 들어 1km를 달린다거나, 노래
한 곡을 한다거나, 클럽에서 춤을 춘다거나, 감탄이 흘러나오는 사
진 한 장을 찍는다거나, 요리를 한다거나, 그림을 그린다거나 … 그
런 일들에 비하면 정말로 쉬운 일이 아닌가 하고 혼자 생각한다.
그렇다. 사람들에겐 누구에게나 그런 탤런트(재능)들이 있다. 같은
시간을 해도 탁월한 성과가 나오는 일들, 내게는 그게 글쓰기일지
모른다.

●　　　　　지금까지 130여 일 동안 하루도 빼놓지 않고 매일 글을 썼다. 주제도 다양하다. 브랜드 이야기, 스몰 스텝, 글쓰기에 관한 노하우들…. 그러면서 지금은 조금 더 욕심이 생긴다. 100일은 이미 채웠으니 300일, 1,000일 … 그렇지. 기왕이면 천 일 동안 글을 써보는 건 어떨까? 별의별 일이 다 생길 것이다. 한 줄을 쓰고 넘어가는 날도 있을 것이고, 여행을 간다거나 집안에 급한 일이 생길 수도 있고, 당연히 아플 수도 있다. 그래도 기어이 천 일을 쓰면 어떤 일이 벌어질까? 금방 떠오르는 몇 가지 아이디어들이 있다. 우선 책을 출간할 것이다.《천 일의 글쓰기》라는 제목으로. 그리고 강연을 할 것이다. 역시나 같은 제목으로. 사람들은 궁금해할 것이다. 어떻게 쉬지 않고 천 일을 쓸 수 있었는지? 그러면 나는 그동안의 어려웠던 순간과 성취들에 대해 이야기할 수 있겠지. 마치《스몰 스텝》이란 책을 썼을 때처럼.

●　　　　　브랜드 전문지에서 글을 쓸 때였다. 7년을 일했지만 존재감 없이 버틴 날들이었다. 그러던 중에 회사 몰래 페이스북을 운영했다. 회사의 대표가 격이 떨어진다며 싫어하던 페이스북이었다. 하지만 나는 이상하게 그 일이 재미있었다. 하루도 쉬지 않고 콘텐츠를 만들어 올렸다. 불과 1년이 지나지 않아 내가 운영

하던 페이스북이 유명세를 타기 시작했다. 잡지사에서 취재 요청이 오고, 컨설팅 의뢰가 들어오기도 했다. 일단 신뢰가 쌓인 페이스북의 위력은 대단했다. 회사의 스크래치북(흠집이 난 책들)을 할인 판매하는 이벤트를 할 때에는 불과 하룻밤새에 1억 원 이상의 매출을 올리기도 했다. 매일 대여섯 개의 콘텐츠를 쉬지 않고 올릴 때였다. 그때도 그랬다. 묵묵히 좋아하는 일을 매일같이 반복했을 뿐이었다. 그랬더니 생각지도 못했던 기회들이 생겨나기 시작했다. 물론 회사에서 나를 바라보는 시선도 달라졌다. 어느 날인가 조회시간에 회사 대표는 이런 말을 했다. 주변에서 일주일에 3일은 '잘 본다'는 말을 듣는다고. 그게 책이 아니라 페이스북이었다고.

●   축적의 시간은 힘이 있다. 마케팅과 브랜딩의 가장 큰 차이는 그 호흡에 있다. 단기간에 매출을 올리는 것이 마케팅의 궁극적인 목적이라면, 브랜딩은 소비자들과 좋은 관계를 맺는 것이다. 아마도 브랜딩은 결혼에 이르기까지의 긴 여정에 비유할 수 있지 않을까? 한 사람의 신뢰를 조금씩 얻어가는 것, 그리고 궁극에는 평생을 함께하는 관계까지 나아가는 것. 이때 가장 중요하고 필요한 것이 다름 아닌 '신뢰'에 기반한 관계다. 60일의 글쓰기는, 100일의 글쓰기는, 그리고 1,000일의 글쓰기가 의미있는 이

유는 바로 그 때문이다. 믿음이 생긴다. 천 일 동안 글을 쓴 사람에게는 그와 비슷한 일을 믿고 맡길 수 있을 것이다. 글쓰기 하면 바로 그 사람이 떠오를 것이다. 우리는 그런 사람을 '브랜드'라고 부른다. 제품과 서비스도 크게 다르지 않다. 그런 신뢰를 얻은 제품과 서비스가 '브랜드'가 된다.

● 　　　　그래서 사람은 자신을 알아야 한다. 자신의 숨은 재능과 열정들을 발견할 수 있어야 한다. 좋아하지도 잘하지도 못하는 일을 천 일 동안 할 수는 없다. 그렇게 천 일 동안 하다 보면 그 일이 좋아지고 잘하게 된다. 문제는 우리가 그 시간의 축적을 견디지 못한다는 것이다. 10일 완성, 한 달 완성의 꼬드김에 넘어간 적이 어디 한두 번이던가. 하지만 어떤 영역에서도 그런 기적은 일어나지 않는다. 시간은 거짓말을 하지 않는다. 한 달의 글쓰기와 천 일의 글쓰기가 같을 수는 없다. 그래서 우리는 스스로를 발견하기 위해 애써야 한다. 내가 천 일을 계속할 수 있는 일은 무엇인가? 지치지 않고 즐겁게 천 일을 즐길 수 있는 일은 무엇인가? 그것을 찾아낸 사람은, 그리고 실천한 사람은, 그 일 하면 가장 먼저 떠오르는 '브랜드'가 될 것이다. 지금까지 수없이 많은 브랜드들이 그래 왔던 것처럼!

나는 나답게,
당신은 당신답게

<쓰닮쓰담>에서 스무 명 남짓한 분들과 글쓰기 교실을 한다. 주말반과 평일반으로 나누어 함께 글을 쓴다. 이 모임의 진짜 목적은 '자기발견'에 방점이 있다. 내가 알았던 혹은 나도 몰랐던 나를 발견하고, 그에 따른 나다운 삶을 살아가기 위해서다. 어제는 평일반 수업이 있던 날이었다. 저마다 중요하게 여기는 욕구와 가치에 대한 이야기를 시간 가는 줄 모르고 나누었다. 나는 메모하는 시간도 아까워 녹음기를 틀어놓고 그들의 이야기를 듣고 또 들었다. 알 듯 모를 듯한 각자의 욕구와 가치가 묘하게 섞여 이야기되고 있었다. 그때 평소 상담 일을 하던 J님이 세 가지 종류의 '나'에 대한 자신의 고민을 들려주었다. 안갯속처럼 뿌옇던 각자의 모습이 조금은 더

선명해지는 순간이었다. 집으로 돌아오는 길에 나는 세 가지 종류의 나에 대해 정리해 보았다.

●　　　첫째는 성품, 성격, 기질 혹은 '과거의 나'이다. 나는 '안정'을 추구하는 사람이다. 집도 책상도 깔끔하게 정리되지 않으면 무언가 불편하다. 조용한 버스 안에서 유독 큰 소리로 통화하는 사람을 만나면 그렇게 불편할 수가 없다. 금요일 밤의 미드와 맥주 한 캔을 즐긴다. 회식도 즐겁지만 2차 3차는 피하고 싶다. 집으로 돌아와 들뜬 나의 마음을 가라앉힐 때에야 비로소 행복감이 든다. 이건 타고난 성품이다. 급격한 변화보다는 안정을 추구하는 기질 탓이다. 많은 사람보다는 한두 사람과의 깊이 있는 대화가 좋다. 이것이 깨어질 때 나는 금세 당황하고 만다. 회사생활보다 혼자 일하는 지금이 몇 배나 편한 이유는 바로 이 때문일지 모른다.

●　　　둘째는 욕구, Driving Force 혹은 '현재의 나'이다. 그런 내가 책을 쓰고 강연을 다니고 글쓰기 수업을 한다. 바로 '소통'에 대한 갈급함 때문이다. 나의 성품과는 또 다른 내 모습이다. 관계의 불편함을 호소하면서도 여전히 사람을 그리워한다.

그들과 교감하고 싶어 한다. 하지만 나도 지켜야 한다. 그렇게 찾은 방법이 바로 글쓰기이고 강연이었다. 내 평온한 일상을 깨뜨리지 않으면서도 사람들과 소통하는 방법, 그것이 바로 〈스몰 스텝〉과 같은 자발적인 커뮤니티였다. 나를 있는 모습 그대로 인정해 주고 지지해 주는 사람들, 그 사람들 안에서 비로소 나는 소통에 관한 나의 숨은 욕구를 충족할 수 있었다. 물론 그것은 타고난 내 모습을 일정 부분 희생해야 얻을 수 있는 유익이었다. 나이가 먹으며 성숙해짐에 따라 그러한 소통에 따르는 불편을 감수할 만한 여유가 생겨나기 시작했다.

●   셋째는 숨어 있던 가치 혹은 '미래의 나'이다. 하지만 나는 가끔씩 나를 넘어선 '용기'있는 선택을 하곤 했다. 두 번째 수능 시험을 칠 때가 그랬고, 나이 서른다섯에 직업을 바꿀 때가 그랬다. 첫 번째 전공이었던 무역학은 첫 수업을 마치고 이 길이 아님을 금방 깨달을 수 있었다. 군대를 다녀와 다시 수능에 도전했다. 대학을 졸업한 후 찾은 첫 번째 직업은 웹 기획자였다. 몇 년을 일한 결과 내 별명은 '빈틈 기획자'가 되어 있었다. 나는 나답지 않은 일에서 빠져나오고 싶었다. 하지만 그러기엔 용기가 필요했다. 책을 쓰고 강연을 했다. 이제는 강연을 코앞에 두고도 긴장하

는 일이 줄었다. 내 속에 숨어 있던 용기가 비로소 그 모습을 드러
내기 시작했다. 지금은 그런 용기를 내는 일이 한결 쉬워졌다. 그
용기로 크고 작은 일들을 벌이며 나도 몰랐던 내 모습을 하나둘씩
발견하며 살아간다. 나는 그런 지금의 내 모습이 너무도 사랑스럽
고 자랑스럽다.

●   '나답게 산다'는 것은, 아무렇게나 광고의 카피
로 쓰일 만한 가벼운 말이 아니다. 나를 이해하기 위한 심리검사가
남을 평가하는 도구로 전락하는 모습을 얼마나 자주 보았던가? 한
사람을 하나의 단어로 가두는 것이 얼마나 폭력적이고 위험한 일
인가 말이다. 그럼에도 불구하고 나는 이 시대를 살아가는 우리들
이 좀 더 자기다워졌으면 좋겠다. '품성'이라는 과거의 자신을 바탕
으로, '욕구'라는 현재의 자신을 달래가며, '가치'라는 미래의 우리
모습을 좀 더 많은 사람들이 함께 찾을 수 있으면 좋겠다.

  〈쓰닭쓰담〉은 바로 그런 사람들을 위해 만들어진 글쓰기 교실이
다. 자기발견의 열린 공간이다. 나는 이 프로그램을 더 많은 이들과
함께 만들어 갈 것이다. 가장 그(녀)다운 모습을 같이 발견해 갈 것
이다. 그것이 내가 그토록 찾아 헤매었던 가장 나다운 모습일 것이
다.

Part 5 가장 나다운 삶을 위하여

작은 것들을 위한
시(詩)

나는 언제나 내 키가 169.5cm라고 우긴다. 와이프는 168cm로 기억한다. 170cm이 안 되긴 매한가지다. 그래서 우리 가족들에게 아빠의 키는 언제나 즐거운 놀림감이다. 고1의 아들은 174cm를 넘은 지 한참 되었다. 딸은 키뿐만 아니라 두루두루(?) 건강하다. 165cm의 와이프 역시 또래들 중에는 큰 편에 속했다. 결혼식 사진을 찍을 때는 발판에 올라서야 했다. 하지만 결혼 후엔 이 모두가 아득한 추억이 되어 버렸다. 적어도 지금은 키를 두고 고민하진 않는다. 별도의 깔창을 깔아본 적도 없다. 하지만 학창시절은 달랐다. 발육이 더딘 나는 언제나 작은 키로 놀림감이 되어야 했다.

중학교 때 선배가 키 큰 후배와 권투시합을 시킨 일은 아직도 어제 일처럼 생생하게 기억하고 있다. 분함을 못 이겨 엉엉 울며 세수를 했다. 어머니는 자신의 젖이 모자라 그랬다며 나만큼이나 속상해 했다. 그렇게 작은 키로 주눅 들던 삶을 꽤 오래 살았다. 그랬던 내가 지금은《스몰 스텝(Small Step)》이라는 책과 두 번째 책《프랜차이즈를 이기는 스몰 브랜드(Small Brand)의 힘》이라는 책의 저자가 되며 작은 것들의 미학을 웅변하는 전도자가 되었다. 아이러니한 일이 아닐 수 없다.

●   브랜드 전문지에서 에디터로 일했다. 에디터들이 좋아하는 브랜드는 크고 화려한 브랜드들이다. 사진이 잘 나오는 브랜드는 더욱 환영을 받는다. 해외의 유수한 석학들과의 인터뷰는 매거진의 큰 차별점이었다. 우리는 깊은 산 속 교회 수련원에 들어가 며칠씩 기도 대신 글을 쓰곤 했다. 개별 꼭지의 분량은 큰 판형의 매거진으로도 열 장을 넘기곤 했다. 주제는 언제나 '브랜드'였다.《판타지 브랜딩》《휴먼 브랜딩》《스마트 브랜드》《브랜드 뱀파이어》《호황의 개기일식》《디자인 경영》《브랜드 직관력》등 제목만으로 주변을 압도하는 이 책들은 오래도록 많은 이들의 호평과 환호를 받았다. 문제는 사람들이 이 책을 사놓기만 하고 읽지 않는다는 점이었다. 독자들을 직접 만나면 그들은 늘 이렇게 말했

다. "사놓기는 했지만 읽지는 못했다고…." "읽기는 했지만 이해하진 못했다고…."

　하지만 나는 달랐다. 크고 화려한 브랜드들보다는 작고 소박한 회사들에 더 마음이 갔다. 영어 인터뷰는 불가능했다. 어려운 브랜드 용어와 전략에는 언제나 젬병이었다. 덕분에 내 글은 쉽게 읽히는 편이었다. 편집장은 이 점을 오랫동안 못마땅해 했다. 책이 가진 브랜드 아우라에 못 미친다는 점을 은근히 강조하곤 했다. 그래서 나는 회사 몰래 페이스북을 운영했다. 쉬운 사례와 읽기 편한 콘텐츠들로 독자들의 사랑을 받았다. 7만 팔로워를 가진 페이스북의 개별 콘텐츠 도달률은 최소 20만 명, 많게는 200만 명이나 되었다. 잡지의 취재 요청을 받기도 했고, 대기업 브랜드의 컨설팅 요청이 페이스북을 통해 들어오기도 했다. 어떤 호텔은 페이스북 운영 매뉴얼로 삼고 있다고 했다. 작고 쉬운 나만의 브랜딩이 시작되는 시점이기도 했다.

●　　　　　　작지만 강한 브랜드를 좋아했다. 지금도 기억나는 브랜드 중에 '보리'라는 출판사가 있다. 누가 봐도 눈에 띄는 세밀화로 유명한 이 출판사의 대표는 철학박사였다. 책 한 권을 만드는데 8~9년이 걸리는 독특한 출판사였다. 인터뷰하러 갔던 그날

나는 유기농 농산물로 가득한 점심상을 선물 받았다. 당시 이 회사의 최대 이슈는 6시간 근무제였다. 노동자가 주인이 되길 바라는 대표의 바람과 현실적인 어려움을 호소하는 직원들이 열띤 토론을 벌이고 있었다. 지금 생각해도 희한한 브랜드였다. 그때 오너의 철학이 한 브랜드에 끼치는 영향이 얼마나 절대적인지를 뼛속 깊이 배울 수 있었다. 몇 년 후 성공적으로 안착한 이 제도에 대한 기사들이 줄을 이었다.

● 　　　　　작음은 바꿀 수 없다. 모자람을 억지로 채우기란 여간 어려운 일이 아니다. 하지만 그 자체로 차별화하는 방법이 있음을 꼭 말해 보고 싶었다. 머리가 나쁜 나는 어렵게 말하지 못한다. 복잡하게 쓰지 못한다. 하지만 그것이 지금의 나에게 차별화된 경쟁력을 선물해 주었다. 중요한 것은 자신에 대해 제대로 아는 것이다. 그것을 있는 그대로 받아들이는 것이다. 주어진 조건 안에서 최선을 다하는 것이다. 그러면 기회는 온다. 대형 빵집이 망하고 동네 빵집이 흥하는 시대다. 개성과 취향이 존중되고 다양성이 추앙받는 시대다. 시대의 아이콘이 된 BTS의 노래 제목이 바로 '작은 것들을 위한 시(詩)'다.

널 알게 된 이후 내 삶은 온통 너

사소한 게 사소하지 않게 만들어버린 너라는 별

하나부터 열까지 모든 게 특별하지

너의 관심사 걸음걸이 말투와

사소한 작은 습관들까지

●   BTS의 노래 가사를 보며 다시 한번 생각한다. 그들도 한때는 아이돌 세계에서 '작은' 존재였다. 하지만 사소한 걸 사소하지 않게 만들었다. 나 자신에 대한, 세상을 향한 작은 관심이 나와 당신을 바꿀 수 있다. 하나부터 열까지 특별해질 수 있다. 바야흐로 크고 어렵고 요란한 것들이 아닌, 작고 사소하고 평범한 것들의 시대가 도래하고 있다. 이 글 역시 작은 것들을 위한 한 편의 소박한 시(詩)이다. 그런 나를 응원한다. 그런 당신을 응원한다. 작은 우리는 분명 좀 더 특별해질 수 있다.

당신은,
좋은, 사람입니까?

　나는 소리에 민감하다. 조용한 버스나 지하철 속 소음에 특히 취약하다. 버스 바로 뒷자리에서 유튜브를 틀어대는 무례함을 참지 못하고 말다툼을 한 적이 있다. 방금 전화를 통해 부하 직원에게 한마디 하고 있었던 상대방은 법적으로 허용된 데시벨을 운운하며 또 한 번 일장연설을 늘어놓았다. 결국 내가 뒷좌석으로 자리를 옮길 수밖에 없었다. 기차 안에서 안방처럼 큰 소리로 통화하는 사람을 보면 혐오스럽다. 이어폰 밖으로 새어나오는 음악 소리는 쇳소리를 닮아 자극적이다. 지하철 안에서 물건을 파는 분들을 보면 그 행위보다는 호객 소리에 질려 자리를 옮기곤 한다. 나는 예민하다. 소리뿐 아니라 촉각도 예민한 편이다. 영화관 팔걸이에 닿은 타인의 팔이 그렇게 불편할 수 없다. 출근길 지하철 안은 실제로 지옥이다. 여러모로 피곤한 인생이다. 내 핸드폰을 찾기 위해 와이프의 스마트폰으로 번호를 눌렀더니 '예민보스'라는 이름이 떡하니 뜬다. 부인할 수 없다. 하루는 도무지 공감능력이 떨어지는 클라이언트 이야기를 했더니 와이프가 정색을 하고 내게 말했다.

"당신도 그래." 설명을 듣고 보니 그럴 만도 했다.

에디터로 일하던 시절, 논리적인 글쓰기에 강했던 후배는 내 글에 대해 '점프가 많다'고 표현했다. 논리적 비약이 심하다는 의미였다. 대화 중에 엉뚱한 주제를 꺼내어 상대방을 당황시킨다는 와이프의 '증언'과도 비슷했다. 나는 나만의 세계에 빠질 때가 많은 사람이다. 공감능력이 떨어질 수밖에 없다.

내가 가장 불편해 하는 환경은 회식 자리다. 대화의 주제보다는 분위기를 잘 타야 하는 이런 자리에서 나의 취약함은 배가 되곤 한다. 상대방의 농담을 매끄럽게 받아치고, 분위기를 해치지 않는 선에서 상대방에게 한 방 돌려줄 수 있어야 하는, 미묘한 감정선의 파도타기에 항상 실패하곤 한다. 요즘 사람들은 그걸 '갑분싸'라고 부른다. 내 딴에는 용을 쓴 한마디가 주변의 분위기를 '싸'하게 만드는 경험을 한 적이 적지 않았다.

●　　　　영화 〈증인〉에 나오는 주인공의 자폐성 장애증상이 나와 비슷했다. 남들은 의식하지 못하는 작은 시계 소리가 천둥소리처럼 들린다. 상대방의 표정을 보고 감정을 알아차리기 힘들다. 서번트 증후군과 같은 천재적인 능력을 빼고 나면 이상하게 공감이 되는 영화였다. 어쩌면 나 역시 약한 정도의 자폐성 장애를 가진 사람은 아닐까? 영화를 보는 내내 그 생각이 떠나지 않았다.

영화 〈증인〉은 시작부터 범인이 누구인지를 명확히 보여준다. 〈비밀의 숲〉과 같은 추리의 재미를 기대한다면 실망이 클 것이다. 하지만 이 영화는 자폐성 장애를 가진 주인공을 통해 '진정한 소통'이라는 묵직한 주제를 이야기한다. 자폐성 장애는 정신병이 아니다. 단지 우리와 '많이 다를 뿐'이라는 선명한 메시지를 전하기 위해 이 영화는 살인사건을 빌렸을 뿐이다. 물론 그 살인사건에는 허점이 많이 보인다. 종량제 쓰레기 봉지와 테이프만으로 여자 가정부가 남자 노인을 죽이는 장면은 다양한 설명에도 설득이 쉽지 않았다. 또 자폐성 장애의 아주 일부에게만 보이는 서번트 증후군이 영화에선 과장되었다. 주인공 정우성이 아버지의 편지 한 장으로 개과천선하는 모습은 영화적 몰입을 해친다. 선과 악으로 뚜렷이 구분된 영화 속 세상은 지나치게 단순하다. 그럼에도 배우 김향기의 연기는 스킵 버튼을 누르지 못하게 한다. 내가 본 영화 중 정우성의 연기가 가장 자연스러운 작품이었다. 그러나 이 모든 평가는 내게 있어 사족에 가까웠다. 영화 속 김향기는 우리에게 끊임없이 이렇게 묻고 있다.

"당신은, 좋은, 사람입니까?"

●   이 영화가 말하는 좋은 사람의 정의는 아주 심플하다. 상대방의 다양성을 인정하고 그 사람을 이해하기 위해 그 사람의 세계 속으로 들어갈 수 있는 용기를 가진 사람, 자폐성 장애를 가진 주인공의 증언을 끌어내기 위해 영화 속 변호사 정우성은 다양한 노력을 한다. 그중 하나가 오후 다섯 시의 퀴즈다. 서번트 증후군을 가진 영화 속 김향기는 퀴즈를 좋아한다. 정우성은 매일 전화로 퀴즈를 내고 다음 날 오후 다섯 시에 김향기는 전화를 걸어 정답을 말한다. 상대방의 '다름'을 인정하고, 상대방의 방식으로 소통을 시도한다. 결국 이러한 노력은 영화의 클라이맥스 장면에서 진짜 범인을 찾아내는 결정적 계기가 된다. 다소 느슨한 극의 진행을 단번에 잊게 해주는 한 방이 있는 영화로 극적 반전을 만들어낸다. 그리고 생각한다. 나는 상대방의 다름을 얼마나 인정하는 사람인가? 얼마나 자주 용기있게 그들의 세계로 뛰어드는 사람이었나? 나는 그런 관점에서 얼마나 '좋은' 사람인가? 그렇게 스스로에게 되물어 볼 수 있는 영화였다.

●　　　　　'나다워진다'는 것은 골방에 들어가 심리검사를 한다고 해서 발견할 수 있는 것이 아니다. 사람들 속으로 들어가 그들과 맺는 관계 속에서 나는 가장 나다워질 수 있다. 얼마 전 강의 의뢰를 받아 울산에 있는 어느 공기업에서 '스몰 스텝'을 강의하고 왔다. 오전 9시에 출발한 나는 1시간의 강의를 마치고 밤 9시가 되어 집에 돌아올 수 있었다. 그럼에도 불구하고 나는 그곳에서 작은 천국을 볼 수 있었다. 내 책을 읽어주고, 내 강의를 들어주고, 친구에게 주기 위해 대신 사인을 받는 사람들을 통해 '공감'의 기쁨을 누릴 수 있었다. 그들은 기꺼이 낯선 나의 세계로 들어와 주었고, 나 역시 가감 없는 이야기로 그들 속으로 들어갈 수 있었다. 아무런 공통점도 없는 우리가 그 시간만큼은 '스몰 스텝'으로 묶여진 작은 하나가 됐다. 나는 그 강연을 통해 또 한 번 나다워졌다. 금요일 밤의 미드와 맥주 한 캔이 유일한 낙이었던 사람이, 이제는 수백 킬로미터를 달려가 그들과 교감을 나누는 과정을 즐기는 성숙한 사람이 됐다. 타인의 다름을 이해하고, 그들과의 공존을 꿈꾸는 사람들이 있다. 나는 그들이 가장 자기다운 사람이며, 이 영화가 말하는 '좋은' 사람이라고 믿어 의심치 않는다. 그래서 이 글을 읽는 당신에게도 영화 속 주인공처럼 이렇게 되묻고 싶다.

"그래서 당신은, 좋은, 사람입니까?"

강연을 통해
닿고 싶은 곳

《스몰 스텝》이 출간된 지 일 년 반, 얼추 수십 번의 강연을 다니며 내공이 길러졌다. 그중 압권은 해군 함대에서 있었던 30분짜리 짧은 강연이었다. 인터넷이 연결되지 않았다. 보안 때문에 USB도 쓸 수 없었다. 갖은 방법을 다 써보았지만 연결에 실패하고 그대로 (?) 무대에 섰다. 행사차 면회 온 가족들 사이의 앳된 군인들 중 몇 명은 강연이 시작되기도 전에 졸고 있었다. 머리가 하얘졌다. 오랜 시간이 지나도 기억하던 군번까지 떠오르지 않았다. 아이스브레이킹을 위한 첫 시도가 도리어 나를 얼어붙게 만들었다. 식은땀이 흘렀다. 하지만 오래도록 반복된 강연을 통해 이야기의 실마리가 하나둘 풀리기 시작했다. 어떤 환경에서도 강연을 할 수 있다는 확신을 그때 얻었다. 돌아오는 길, 담당자의 얼굴은 밝았다.

●   600명의 청중 앞에서 강연을 한 적도 있었다. 강연 시작 직전까지 아무도 참석하지 않은 강연도 있었다. 연수를 온 3년 차 선생님들은 강연 시작 전부터 졸았다. 신입 교장선생님들을 상대로 한 강의는 손가락에 꼽을 정도로 반응이 뜨거웠다. 사장님이 주도해서 만들어진 강의는 냉소적인 직원들 때문에 힘들었다. 반면 대부분의 독서모임은 언제나 보람 있었다.

강연의 반응은 대부분 내 컨디션에 의해 좌우되지 않았다. 내 강연을 듣는 사람들에 의해 반응이 판가름 났다. 그래서 요즘은 강연 전 한 사람 한 사람을 찾아가 너스레를 떨기도 한다. 1 대 다(多)의 싸움(?)이 시작되기 전, 1 대 1의 대화를 통해 분위기를 선점하기 위해서다. 강연의 뒷맛을 결정하는 디테일을 고려하기 시작한 건 다른 그 무엇도 아닌 오랜 경험 덕분이었다.

●   강연은 언제나 부담스럽다. 마치 판도라의 상자와 같다. 뚜껑을 열기 전까지는 어떤 결과를 낳을지 전혀 예측할 수 없다. 하지만 한 가지 사실은 분명하다. 내가 하고 싶은 말과 그

들이 듣고 싶어 하는 말의 접점을 찾아야 한다. 강연장에 오르면 적어도 100명 정도는 한눈에 들어오게 마련이다. 그들의 눈빛과 표정이 적나라하게 드러난다. 그들과 소통해야 한다. 유머는 도구일 뿐이다. 가장 큰 힘은 진정성이다. 스몰 스텝이 가진 힘은 '내가 해본 것'을 말한다는 당당함이다. 사람들은 기가 막히게 그것을 알아챈다. 그곳에서부터 불꽃이 튄다. 교감이 일어난다. 소통이 이루어진다. 가장 무표정했던 누군가가 정말로 잘 들었다고 진심 어린 피드백을 줄 때도 있다. 그러나 많은 경우 그들의 표정에서 읽을 수 있다. 내가 하고 싶은 얘기와 그들이 듣고 싶어 하는 어딘가의 거기, 내가 강연을 통해 간절히 닿고 싶은 바로 그곳이다.

당신이
잠든 사이에

바야흐로 마감 시즌이다. 여러 권의 책을 동시에 작업 중이다. 문제는 내 책만 마무리해선 안 된다는 것이다. 기업, 학원, 개인의 요청으로 또 다른 네 권의 책을 동시에 작업 중에 있다. 다행히 그중 두 권은 거의 마무리 단계다. 책을 쓰면서 배운다. 전혀 새로운 세상을 만나고, 뜻하지도 못했던 정보와 지혜를 얻는다. 그 와중에 강연도 다녀야 한다. 부산, 남원, 군산, 천안 … 그런데 이 모든 일들이 전혀 다른 일이 아니다. 각각의 일이 서로 얽혀 있다. 이곳에서 배운 지식으로 저곳에서 강연을 한다. 이곳 강연에서 얻은 에너지로 돌아오는 길에 책을 마무리한다.

● 　　　　　문제는 그 와중에 열리는 〈스몰 스텝〉 모임들이다. 어제는 그중에서도 압권인 날이었다. 네 개의 〈스몰 스텝〉 행사가 같은 날 열렸다. 먼저 〈미라클모닝〉 방의 새벽 번개가 있었다. 6시 반에 만나 호텔에서 새벽 조식을 먹는 모임이다. 새벽 서너 시에 일어나는 분들이니 새삼 놀라울 것도 없다. 그러나 막상 사진으로 이들을 만나니 온몸이 근질거린다. 할 얘기가 너무도 많다. 지난 두 달 이상 써온 글의 프로젝트 이름은 '미라클라이팅'이었다. 무엇보다 이 모임에 나갔다면 글감 하나는 확보했으리라. 새벽을 깨우는 이들의 에너지가 더없이 부러웠다. 그러나 나는 마감을 마쳐야 한다. 클라이언트 미팅을 준비해야 한다.

　이날 내가 놓친 미팅은 이 하나가 아니다. 바로 격주로 열리는 〈토요원서미식회〉의 오프라인 모임이다. 약 2년간 매일 낮에 산책을 했던 서울숲 공원에서 함께 모여 원서를 읽는다고 했다. 〈미라클모닝〉 방의 일부 멤버들도 동참해 이 모임이 이어졌다. 이 공원을 속속들이 아는 나로서는, 그리고 역대급으로 좋은 날씨였던 이곳의 아침 공기가 어떠했을지 예상하는 일은 어렵지 않았다.

　그리고 같은 날 〈낭독〉 방 사람들은 낭독극을 녹음하고 있다고 했다. 내가 일정상의 이유로 중도하차한 모임이다. 연기만 하지 않았지, 목소리로 세 편의 연극을 연습하는 모임이다. 성우를 연상시켰던 이들의 목소리가 지금도 귀에 선하다.

하지만 이게 마지막이 아니다. 〈스몰정리스텝〉 모임이 또 있었다. 정리습관을 만들어 가는 이 모임 역시 오프라인 행사를 열었다. 운영진과 모임 참여자가 강사가 되어 자신의 정리 노하우를 공유하는 모임이었다.

●   새벽에서 오전, 오후로 이어지는 일정이 빼곡했다. 그러나 정작 어느 모임에도 참석하지 못했다. 그럼에도 모임들은 너무나 잘 돌아가고 있었다. 서운하지 않았다. 오히려 기뻤다. 스몰 스텝의 에너지는 바로 이와 같은 '자발성'이 핵심이기 때문이다. 각각의 사람을 움직이는 에너지는 다를 수밖에 없다. 어떤 사람은 새벽을 깨우면서, 어떤 사람은 영어를 공부하면서, 또 다른 사람은 주변을 정리하면서, 그리고 또 다른 사람은 좋은 글을 낭독하면서 삶의 에너지를 얻는다. 이것이 바로 드라이빙 포스(Driving Force)다. 우리를 움직이는 힘을 이해하는 것은 '나답게' 살아가기 위한 가장 중요한 정보 중 하나다. 나를 움직이는 힘을 아는 사람은 쉽게 몰입한다. 같은 일을 쉽게 한다. 그 과정에서 즐거움과 보람을 찾는다. 나답게 산다는 것은 이런 '남다른' 자신의 에너지를 발견하고 일상과 자신의 일에 적용할 줄 아는 사람이다. 내게는 그것이 바로 지금과 같은 글쓰기다.

● 　　　　　　잘 산다는 것은 무엇일까? 그것은 세상을 바꾸는 거창한 삶만은 아닐 것이다. 누군가는 그런 역할을 해야겠지만 적어도 나는 아니다. 나는 순간을 잘 살아가고 싶다. 오늘 하루를 열심히 살아가고 싶다. 주변의 사람들에게 기쁨과 보람을 주고 싶다. 내가 잘하는 것으로 밥벌이를 하고 싶다. 나는 그런 사람이 가장 '나다운' 사람이라고 믿는다. 스몰 스텝은 그것을 실천하기 위한 도구이자 솔루션 중 하나였다. 그런데 많은 사람들이 그런 삶을 함께 살아가고 있다. 나를 앞질러 가고 있다. 그들의 열심을 통해 내가 바뀌고 있다. 나는 그런 이들이 좋다. 그들과 함께하는 것이 영광스럽다. 내가 조연으로 남아도 좋다. 그들이 주인공이 되는 일이 더 많아졌으면 좋겠다. 그것이 내가 바라는 스몰 스텝의 모습이고, 그것이 바로 가장 '나다운' 모습이기 때문이다.

　점점 그런 일이 많아지고 있다. 그런 모임이 많아지고 있다. 이제 이 글을 읽고만 있는 당신이 참여할 차례다.

Small Stepper

낭독의 재발견

책은 읽는 것인 줄로만 알았다. 그런데 어느 날 낭독하는 사람들이 나타났다. 방송국의 현직 아나운서가 이 방에 참여했다. 사람들의 음성을 듣고 세세히 피드백을 주었다. 듣는 책의 재미에 눈뜨게 됐다. 하루는 정해진 책을 함께 읽고 녹음을 해보자는 누군가의 제안이 있었다. 그렇게 무라카미 하루키의 책을 30여 명의 사람들이 나눠 읽었다. 그렇게 우리만의 오디오북 한 권이 뚝딱 만들어졌다. 이 방 안에서만 나눠지는 소소한 즐거움이었다. 하지만 낭독 방의 시도는 여기서 그치지 않았다. 사람들의 욕심에는 끝이 없었다. 몇몇 뜻이 맞는 사람들이 모처에 모여 낭독극을 연습하기 시작했다. 유명한 작가의 희곡을 골라 목소리 연기에 도전했다. 그럴 듯한 연극 한 편이 연습을 통해 만들어졌다. 신기하고 재미있는 경험이었다.

· ·

〈낭독의 재발견〉
자신이 읽은 책의 문장을 낭독하고 공유합니다. 현재 '시즌 5'가 진행 중입니다.
https://open.kakao.com/o/gxZn8kLb

Small Stepper
스몰정리스텝!

　방장인 김혜인 님이 가장 못하는 일을 꾸준히 하고 싶어서 만들어진 방이다. 가장 못한다고 생각하는 일을 꾸준히 하면서 성과를 낸다면 다른 일도 잘할 수 있게 될 거란 믿음이 있었기 때문이다. 무엇이든 혼자서 하다 보면 쉽게 지치게 마련이다. 계속할 수 있는 힘을 얻기가 어렵기 때문이다. 특히 정리는 하루가 힘들고 지치고 피곤하다는 이유로 미뤄두기 딱 좋은 일이다. 하지만 스몰 스텝을 통해 서로를 독려하고 다른 사람의 인증을 통해 자극을 받는 과정을 통해 어느새 습관이 되어버리는 경험들을 하나둘씩 하기 시작했다. 그렇다면 이 방에선 어떻게 정리를 실천할까? 하루 24시간의 1%인 15분을 투자해 매일 정리를 연습한다. 정리에 관한 습관이 필요한 사람, 미니멀 라이프를 지향하는 사람, 정리가 힘든데 혼자 하기는 싫다고 생각하는 사람들이 지금도 매일 정리를 실천하고 있다.

〈스몰정리스텝!〉
자신의 공간이나 물건을 정리하고 사진으로 인증합니다.
https://open.kakao.com/o/gJhhxcub

비긴 어게인,
미들 스텝

새벽 4시 반, 어떤 알람도 없이 자리에서 일어났다. 이제 날씨가 제법 쌀쌀해졌다. 이중창의 하나를 닫았다. 양치를 했다. 커피포트에 물을 올린 후 컵을 준비한다. 뜨거운 물을 컵에 부은 후 정수기로 가져가 찬물을 더한다. 책상 위의 시계를 스마트폰으로 찍는다. 새벽 6시 전에 일어나는 사람들이 모인 〈미라클모닝〉 방에 기상을 인증하기 위해서다. 이제 글을 쓸 시간이다. 다른 어떤 것도 하지 않고 노트북 화면에 깜빡이는 커서를 띄운다. 어제 하루 종일 고민하여 찾아놓은 글감을 꺼낸다. 오후 내내 붙잡고 있던 글이 이상하게 술술 풀린다. 맛있게 조리한다. 한 번에 읽힐 때까지 읽고 쓰고 고치기를 반복한다.

시간은 어느새 아침을 향해 달리고 있다. 7시면 자리에서 일어나 산책을 준비한다. 달리기가 가미된 산책이다. 이 시간엔 팟캐스트를 듣거나 음악을 듣는다. 늘 같은 위치에서 사진을 찍는다. 다이어트를 위한 단톡방에 인증사진을 올린다. 몸이 한결 가벼워지는 기분이다. 집으로 돌아와 샤워를 한다. 이제는 독서 시간이다. 읽은 만큼 쓸 수 있다고 믿는다. 글쓰기에 관련된 책을 읽고 녹음을 한 후 팟빵에 올린다. 관련된 단톡방과 페이스북에 오늘 쓴 글과 녹음을 올린다. 이렇게 또 한 번의 아침이 분주하게 지나간다. 나는 이 분주함을 어느새 즐기고 있다.

●   서른 개에 달하던 스몰 스텝을 오랫동안 인증해왔다. 아침에 하는 스몰 스텝만 열 개가 넘었다. 하지만 지금은 그 수가 절반 아래로 줄었다. 목표도 간소해졌다. 스몰 스텝의 모든 방향을 '글쓰기'에 맞추었다. 글쓰기는 내 본업이기 때문이다. 이미 세 권의 책을 출간했고 또 한 권의 책을 쓰고 있는 중이다. 서너 곳과 계약을 맺고 그들의 글을 대신 써주고도 있다. 일반인들과 함께 글쓰기 교실도 한다. 나는 프로다. 인풋이 없으면 아웃풋도 없다. 그래서 내 삶의 모든 에너지를 '글쓰기'에 쏟아붓기로 했다. 우선 내가 먼저 쓰기로 했다. 그것도 매일 쓰기로 했다. 좋은 글을 찾고,

좋은 문장을 고르고 수집한다. 글쓰기와 관련한 다양한 정보를 섭렵한다. 가장 좋은 가르침은 솔선수범이다. 내가 경험하지 않은 것을 남에게 가르칠 수는 없다. 좋다는 방법은 모두 내가 먼저 해본다. 그래서 하루에 한 편 이상의 글을 꼬박꼬박 쓴다. 나의 글과 글쓰기 교육 과정에 응용하기 위해서다. 아침 시간이 깔끔해졌다.

●　　　　스몰 스텝을 통해 습관의 힘을 배웠다. 그러나 나의 목적은 습관 만들기가 아니었다. 가장 나답게 사는 삶을 사는 것이 가장 큰 목표다. 그렇다면 나답게 산다는 것은 어떤 것일까? 내가 잘하고 좋아하는 일로 다른 사람의 삶을 윤택하게 하는 것이라 생각한다. 타인 속에서 나는 가장 나다워진다. 가치 있는 일을 할 때 비로소 나는 나답게 살 수 있다. 스몰 스텝은 내게 맞는 가치를 찾아가는 여정이었다. 매일 반복하는 일상 가운데 내게 에너지를 주는 그 무엇, 그 누군가를 찾는 실험이었다. 그리고 이제는 분명해졌다. 나는 글을 쓰는 사람이다. 내 글이 누군가를 도울 수 있다. 그런 확신이 나의 삶을 심플하게 만들고 있다. 깨어 있는 모든 순간, 일하는 모든 순간을 '글쓰는 박요철'에 맞추기로 했다. 그것이 가장 나다운 삶이라 믿어 의심치 않기 때문이다.

● 　　　　　다시 시작한다. 이제는 미들 스텝이다. 스몰 스텝이 가장 나다운 삶의 모습을 찾기 위한 워밍업이었다면, 이제는 제대로 된 인생의 싸움을 걸어볼 때라 생각한다. 스몰 스텝을 통해 깨달을 수 있었다.

　나는 다른 어떤 일보다 글을 쓸 때 나다워졌다. 글을 쓰는 일에서 에너지를 얻고 있었다. 그래서 오랫동안 지치지 않고 그 일을 해오고 있었다. 그 글이 타인을 돕고 있었다. 심지어 생계도 유지할 수 있게 해주었다. 그렇다면 다음 스텝은 무엇일까? 스몰 스텝 다음의 미들 스텝은 무엇이어야 할까? 나는 그것이 '글쓰기'라는 사실을 깨달았다. 그렇다면 해법은 단순해진다. 하루의 모든 시간을 글을 쓰는데 투자하는 것이다. 더 좋은 글, 더 좋은 필력을 가진 사람들을 찾아 나서는 것이다. 글을 더 잘 쓰고 싶은 사람들을 돕는 것이다. 그 삶을 위해 내 삶의 모든 시간을 다시 정렬하기로 했다. 스몰 스텝의 모든 항목을 글쓰기에 맞추었다. 이것이 가장 내가 '나답게' 사는 삶이다. 내가 타인에게 줄 수 있는 가장 큰 가치를 담는 일이다. 그리고 이런 내 삶을 응원한다.

　'스몰 스텝'을 넘어선 '미들 스텝'을 위하여! 그리고 언젠가 도달할 '빅 스텝'을 위하여! 그래서 오늘도 나는 글을 쓴다. 지금 시간은 새벽 5시 10분을 지나고 있다.

우리도 '브랜드'가
될 수 있을까?

브랜드 관련 일을 하고, 글을 쓰고 컨설팅을 하며 늘 품었던 의문이 한 가지 있었다. 제품이나 서비스가 브랜드가 될 수 있다면 사람도 그럴 수 있지 않을까? 우리도 브랜드가 될 수 있지 않을까?

애플이 탁월한 브랜드가 될 수 있었던 것은 사람들의 '쓸모'에 대한 욕구 이상의 무언가를 채워주었기 때문이다. 유니크함과 아름다움을 겸비한 대상으로서의 특별한 '관계'를 만들어 냈기 때문이다. 브랜드를 사기라고 말하는 사람들도 있다. 하지만 그들도 가방 하나에 수백만 원을 지불하기도 하고, 시계 하나에 몇천만 원을 투자하기도 한다. 인간은 가성비만으로 값을 지불하지 않는다. 여기에 브랜드가 가진 '마력'이 있다.

●   사람이 브랜드가 될 수 있다는 말은 어떤 뜻일까? 유재석이나 손석희 같은 사람은 하나의 브랜드다. '친밀함'과 '공정함'이라는 키워드를 들이댔을 때 가장 먼저 떠오르는 이름 중 하나이기 때문이다. '의리'를 내세우는 김보성은 재미있는 브랜드다. 'B급 정서' 하면 유병재가 떠오른다. '시크함'을 생각하면 김연아가 떠오르고, '따뜻함'을 생각하면 김혜자가 떠오른다. '청초함' 하면 수지가 먼저 생각나고, '기발함'을 생각하면 무한도전을 만든 김태호 PD가 생각난다. 유명해진다는 것은 이렇게 대중의 마음을 사로잡는 키워드를 선점한다는 공통점이 있다. 그러나 우리같이 평범한 사람들은? 저들처럼 유명함과는 거리가 먼 사람들도 브랜드가 될 수 있을까?

●   나도 브랜드가 되고 싶었다. 유명해지고 싶다는 의미가 아니다. '나답게' 살고 싶었다. 그러기 위해서는 우선 내가 누구인지를 먼저 알아야 했다. 그래서 세 줄의 일기를 썼다. 첫 줄엔 그날의 가장 안 좋았던 기억을, 둘째 줄엔 그날의 가장 좋았던 기억을, 마지막 줄엔 하루의 각오를 썼다. 그렇게 몇 년을 쓰니 내가 어떤 사람인지가 선명하게 드러났다. 내가 힘을 얻는 대상과 활동들이 무엇인지 분명하게 알 수 있었다. 나는 금요일 밤의 맥주와

미드를 사랑하는 '평안'을 갈구하면서도, 대중을 위해 글을 쓰고 강연을 하며 얻는 '소통'에서 에너지를 얻고 있었다. 그리고 이러한 소통을 위해서는 낯선 관계와 활동들에 도전하는 '용기'가 필요했다. 나를 움직이는 힘(Driving Force), 내게 살아갈 힘을 주는 가치(Value)는 바로 이 세 가지, 평안과 소통과 용기였다.

하지만 이런 가치가 단어로 존재할 때는 아무런 힘을 발휘하지 못한다. 가치는 '명사'가 아니라 '동사'라야 한다. 나는 '평안'을 얻기 위해 매일 세 줄 일기를 썼다. '소통'하기 위해 브런치에 글을 쓰고 책을 쓰고 강연을 했다. 새로운 사람들과 모임을 만들고 강연을 이어갈 수 있었던 것은 '용기'라는 가치가 나를 움직이는 힘임을 알았기 때문이다. 그 결과 16개의 단톡방과 500여 명이 참여하는 〈스몰 스텝〉 모임이 만들어졌다. 9명의 운영진과 함께 1년 이상 매달 모임을 가져왔다. 3권의 책을 통해 나의 이야기는 다양한 경로를 통해 곳곳으로 퍼져 나가고 있다. 바로 내가 중요시 여기는 '가치'의 힘을 좇아 살아왔기 때문이다.

● 　　　　나는 여전히 평범한 사람이다. 부와 명예는 아직도 저 멀리 있다. 그러나 나는 지금의 삶에 너무도 만족한다. '나답게' 살고 있기 때문이다. 누군가의 기대에 부응하기 위해 살지 않

는다. 월급의 노예가 아닌 내가 일한 만큼의 대가를 받으며 하루하루를 내 힘으로 살아가고 있다. 그러다 보니 나와 생각이 비슷한 사람들을 숱하게 만나게 된다. 그들로부터 기회가 생겨난다. 최근에는 스타트업과 함께 〈스몰 스텝〉 동영상 콘텐츠를 만들고 있다. 유명함과는 거리가 먼 작은 작업이지만 어떻게 커질지는 아무도 알 수 없다. 나는 나답게 살아갈 때 가장 좋은 성과를 만들어 낼 수 있다고 굳게 믿는다. 지난 수 년 동안 이미 많은 것을 경험해 왔기 때문이다.

● 우리도 브랜드가 될 수 있다. 그 목표가 유명인이나 풍요로운 삶이라면 그건 잘 모르겠다. 하지만 나답게 사는 행복과 만족이라면 분명히 약속할 수 있다. 당신도 브랜드가 될 수 있다. 그러기 위해서는 당신이 누구인지 먼저 알아야 한다. 당신이 추구하는 '가치'가 무엇인지 선명하게 깨달아야 한다. 그 가치를 명사가 아닌 동사로 이해해야 한다. 그 가치를 따라 아주 작고 사소한 그 무엇이라도 실천할 수 있어야 한다. 그리고 그것을 타인들에게 알릴 수 있어야 한다. 그러기엔 글만큼 좋은 도구가 없다.

사람들은 글솜씨가 아닌 '변화'의 이야기에 열광한다. 글을 못 쓰면 나 같은 사람이 써주면 된다. 중요한 것은 그래서 내가 만들어 내는 변화와 성장의 결과들이다. 그것이 당신과 비슷한 가치를 지닌 사람들을 페로몬처럼 끌어모을 것이다. 나는 그 과정이 진정한 의미의 '브랜딩'이라고 생각한다. 그렇게 당신도 브랜드가 될 수 있다.

● 〈스몰 스텝〉을 통해 만나는 사람들은 모두 변화에 목마른 사람들이다. 얼마나 어마어마한 에너지를 가진 사람들인지 만날 때마다 놀란다. 그중 일부는 〈쓰닮쓰담〉이라는 글쓰기 모임을 통해 만나고 있다. 이들의 삶을 직접 쓴 글을 통해 만난다. 일신우일신이다. 유쾌하거나 유익하거나 가슴 찡한 감동적인 삶을 매주 만난다. 이들과 함께한 사랑과 격려와 지지가 나를 변화시켰다. 함께 변화하고 성장했다. 우리는 이렇게 '우리답게' 사는 법을 같이 배우고 있다. 이렇게 우리는 '브랜드'의 삶을 살아가고 있다. 그러니 당신도 '당신답게' 사는 과정을 통해 브랜드가 될 수 있다. 함께하면 더 빠르고 더 행복할 것이다. 우리가 〈스몰 스텝〉이란 이름으로 매달, 매주, 시시때때로 모이는 이유이다. 이 뜨거운 모임에 당신을 초대하는 가장 큰 이유이다.

점과 점이 이어질 때,
나만의 별자리를 찾아서

　밤하늘의 수많은 별들은 이름이 없다. 그러나 별과 별을 이어 별자리를 만들 때 비로소 그들만의 이름이 만들어진다. 그뿐 아니다. 모든 별자리는 나름의 스토리를 가진다. 나는 이것을 '나다운' 삶과 연결지었다. 자기답게 살아가는 사람들은 점과 점을 이어 스토리를 만들 줄 안다. 당시에는 무의미해 보였던 사건, 기회, 만남들이 결국엔 서로 연결되어 놀라운 변화들을 만들어 내는 경험을 나 역시 여러 번 했다. 문제는 이 점을 이을 수 있는가의 여부다.

　사람에겐 누구나 평생 3번의 기회가 온다는 말이 있다. 그러나 이 말이 주는 교훈은 그 숫자에 있지 않다. 어떤 기회든 준비되지 않은 사람, 그 점을 이어갈 줄 모르는 사람에게는 무의미하다. 아마

이 점을 스티브 잡스도 잘 알고 있었던 듯하다. 그 유명한 스탠포드대학 졸업식 연설에서 그는 다음과 같은 말을 남겼다.

"우리는 현재의 일(사건)들을 미래와 연결지을 수 없습니다. 오직 과거와 연결지을 수 있을 뿐입니다. 하지만 여러분은 현재의 일(사건)들이 미래에 어떤 식으로든 서로 연결될 것이라는 믿음을 가져야만 합니다. 여러분은 자신의 배짱, 운명, 삶, 카르마(업) 등 무엇에든 간에 믿음을 가져야 합니다. 이런 접근법은 나를 결코 낙담시키지 않았고, 내 인생의 모든 변화를 만들어 냈습니다."

You can't connect the dots looking forward; you can only connect them looking backwards. So you have to trust that the dots will somehow connect in your future. You have to trust in something - your gut, destiny, life, karma, whatever. This approach has never let me down, and it has made all the difference in my life.

● 　　　　　내가 만일 군대를 다녀온 후 두 번째 수능을 치르지 않았다면, 내가 만일 서른다섯에 직업을 바꾸지 않았다면, 내가 만일 퇴사 후 어떤 대표님을 찾아가지 않았다면, 내가 만일《아주 작은 반복의 힘》이라는 책을 읽지 않았다면, 그래서 스몰 스텝

을 실천하지 못했다면, 그 경험을 브런치에 글로 써내지 않았다면 오늘의 내 모습이 만들어졌을까? 내가 만일 매일 세 줄의 일기를 쓰지 않았다면, 1년간 쓴 세 줄의 일기를 통계내 보지 않았다면, 그 통계를 통해 진짜 내 모습을 만나지 못했다면 나는 지금도 여전히 내게서 힘을 빼앗아 가는 것들에 둘러싸여 평생 루저로 살아갔을 것이다. 이건 결코 과장이 아니다. 15년 이상의 직장생활 가운데서 지금과 같은 만족과 성취를 경험해 본 적이 거의 없었으니 말이다.

●   스티브 잡스는 스티브 잡스일 뿐이다. 그는 시대가 낳은 천재였다. 그를 존경할 수 있을지언정 그를 따라 살겠다는 헛된 꿈은 일찌감치 버려야 한다. 500여 페이지에 달하는 전기를 읽고 내가 느낀 소감은 '나쁜 놈'이었다. 아무리 백 번 양보한다 해도 그는 직접 낳은 딸을 내칠 만큼 차가운 사람이었다. 그 사실은 변하지 않는다. 다만 불꽃처럼 자신을 태운 '그만의' 삶을 존중할 따름이다. 우리는 다르다. 아니 나는 다르다. 나는 나다운 삶을 살 수 있어야 한다. 그 시작은 자신을 움직이는 힘(Driving Force)을 깨닫는 것에서부터 시작해야 한다. 하면 할수록 힘이 나고 신이 나는 일을 찾아야 한다. 그것이 아무리 작고 사소한 것이라도, 돈이 되지 않는 일일지라도 놓치지 않아야 한다. 일상에 에너지를 주기

때문이다. 돈 되는 일, 생계를 위한 일을 견디고 버텨낼 힘을 주기 때문이다.

축적의 힘은 무섭다. 그렇게 내가 좋아하는 일들이 쌓이고 쌓이면 우리는 스스로를 긍정할 수 있는 힘을 가지게 된다. 자존감이 높아지고, 자기통제감이 생긴다. 나도 무엇을 할 수 있구나 하는 자신감이 생긴다. 그 자신감만으로도 이미 그 사람은 전혀 다른 삶을 살아갈 수 있고, 세상과 소통할 수 있다. 에너지를 주고받을 수 있는 비슷한 사람들을 만나며, 자신의 역량과 맞닿은 다양한 기회들이 찾아오기 시작한다. 내게는 그것이 스몰 스텝이고 글쓰기였다. 돈벌이와 하등의 관계가 없는 일이었으나, 나를 이해하고 지지해주는 사람들에 둘러싸이기 시작했다. 그리고 그 경험들을 기록으로 남겼다. 그 기록들을 엮어 브런치에 글을 썼다. 점과 점이 이어지는 순간이었다. 그렇게 나는 하나의 브랜드가 되어가고 있었다.

●   우리는 밤하늘에 수놓아진 이름 없는 별들 중 하나다. 아무리 유명하다 한들 그 별들 속에선 무의미한 존재일 수밖에 없다. 그러나 하나의 삶, 한 사람의 인생만큼 소중한 것도 없다. 우리가 세상에 태어난 데에는 나름의 이유가 있을 것이다. 우리의 삶은 그 이유에 대한 답을 찾아가는 여정일지 모른다. 내가 살다감

으로 해서 세상이 조금 더 좋아지는 것, 그것이 우리에게 주어진 단 한 번의 유일한 삶을 향한 최소한의 예의이지 않을까? 그래서 우리는 '우리답게' 살아야 한다. '나답게' 살 수 있어야 한다. 밤하늘의 별을 이어 스토리를 만들 줄 알아야 한다. 내가 만난 어떤 사람도 무의미한 존재는 없었다. 각기 다른 모양으로 충분히 빛날 수 있는 사람들이었다. 하지만 아무리 많은 기회가 찾아와도, 그것을 이어갈 줄 모르는 사람에게는 무의미할 뿐이다.

오늘도 당신은 수많은 점을 찍을 것이다. 그러니 이제라도 그 점을 잇는 일에 관심을 기울여 보자. 매일 세 줄의 일기를 써보자. 우리가 누린 경험들에 점을 찍어 보자. 밤하늘의 별자리처럼 그 점을 이어 이름을 붙이고 의미를 연결해 보자. 그 점들이 가장 자기다운 삶으로 당신을 인도할 것이다. 그리고 마침내 밤하늘의 별자리처럼 당신을 찬란히 빛나게 할 것이다.

우리들이 함께한 행복한 시간

●   두 갈래의 길이 있었다. 내가 선택한 길은 강남역 골목에 위치한 토즈에서 사람을 만나는 일이었다. 여느 때처럼 혼자 보내는 토요일이 훨씬 편한 길이었다. 하지만 그날따라 전에 없던 용기를 내어 모임을 알리는 글을 올렸다. 아마도 여섯 명이었을 것이다. 여름비 추적추적 내리던 그 길을 뚫고 나를 만나러 온 사람들이. 그리고 그날의 모임이 나의 삶을 송두리째 바꿔 놓았다. 더 자주 사람들을 만나고, 더 많은 강연을 했다. 나와 비슷한 생각을 가진 사람들이 하나둘 모이기 시작했다. 오래된 친구를 만난 듯 마음이 통하는 사람들이었다. 그 후 모든 일은 순풍을 맞은 배처럼 흘러갔다. 조급해 하지 않았다. 모임이 갑작스럽게 커진 것도 아니었다. 대여섯 명이 겨우 모이는 모임이 반 년간 계속되었다. 그러던 어느 날 사람들이 몰려왔다. 나는 지금도 이성봉이란 이름의 영어 강사가 눈물을 훔치던 그 순간을 잊을 수가 없다. 나중엔 〈스몰 스텝〉 운영진이 된 그는 왜 그날 그런 반응을 보였던 것일까?

●   혼자 놀기 좋아하던 사람이었다. 금요일 밤의 맥주 한 캔과 미드 한 편이 삶의 낙이던 사람이었다. 나는 원래 그런 사람인 줄로만 알았다. 조용히 책 읽기 좋아하고 사색하기 좋아하는 사람. 그러던 내가 요즘은 하루가 멀다 하고 사람들을 만나고 일을 하고 시간을 보낸다. 그 누구보다 강연을 즐기는 그런 사람이 됐다. 강의 대상도 다양해졌다. 초등학교 교장 선생님, 해군부대 군인들, 회사원들, 심지어 중2 학생들까지⋯. 다양한 사람들을 만나지만 내가 하는 이야기는 언제나 한 가지다.

나답게 살아보자는 것이다. 지금까지 우리의 삶은 타인을 위한 삶이었다. 칭찬받고 인정받기 위해 혼신의 힘을 다한다. 그러다 결국 번아웃이 되고 만다. 그걸 원망할라치면 누군가 술자리에서 이렇게 말하곤 한다.

"원래 다 그렇게 사는 거라고. 남들도 다 그렇게 살고 있다고."

그런데 이제는 알았다. 그건 거짓말이었다. 그렇게 살지 않는 수많은 사람들을 〈스몰 스텝〉을 통해 만났다. 그들은 자기답게 살고 있었다. 그렇다면 누군가 이렇게 물을 것이다. 어떻게 살아가는 것이 '나다운 삶'이냐고?

● 　　　　나는 답한다. 나의 욕구에 충실한 삶이라고. 그것
이 남에게 선한 영향력을 끼치는 삶이라고. 그리고 그러한 삶을 위
해 거창한 실천이 필요한 것은 아니라고. 나는 나다운 삶의 시작을
산책에서부터 시작했다. 생각할 시간이 주어졌다. 음악을 듣고 팟
캐스트를 들었다. 내가 끌리는 주제들이 더욱 선명해졌다. 영어 단
어를 외우고 좋은 문장을 필사했다. 뭔가를 꾸준히 했을 때의 작은
결과들이 나를 이끌기 시작했다.

　이런 소소한 성취감이 자존감으로 이어졌다. 하루를 살아갈 힘
이 나도 모르게 채워지기 시작했다. 그런 건강한 에너지가 주위로
흘러가기 시작했다. 그 경험들을 글로 옮겼다. 책이 만들어졌다. 사
람들이 모이기 시작했다. 나와 비슷한 생각, 나와 비슷한 실천가들
이 모이니 놀라운 일들이 벌어졌다. 누군가 말만 하면 그 일들이
실제가 되었다. 그 결과 만들어진 단톡방만 20여 개를 헤아린다.
매일 두 쪽씩 책을 읽는다. 세 줄의 일기를 쓴다. 매일 스마트폰으
로 일상을 찍는다. 새벽 6시 이전에 일어나 인증샷을 올린다. 매일
한 줄 이상의 글을 쓰는 〈황홀한 글감옥〉은 벌써 5번째 시즌을 맞
고 있는 중이다. 나는 지금도 이 모든 변화가 어리둥절하기만 하다.
무엇이 우리를 이렇게 모았고 이렇게 움직이게 하는 걸까?

●   나다운 삶은 혼자만의 고민으로 해결되지 않는다. 함께 모이고 함께 움직일 때 비로소 나다운 삶이 가능해짐을 알게 되었다. 내가 가장 나다울 때는 사람들과 함께할 때다. 나의 강점, 나의 에너지가 흘러나가 누군가를 일으켜 세울 때다. 반대의 경우도 마찬가지다. 내가 의기소침하거나 슬럼프에 빠질 때면 그들이 나를 일으켜 세운다. 좋은 날만 있지는 않았다. '스몰 스테퍼'라는 이름으로 함께 모인 지 1년 하고도 반이 지났다. 의견이 달라 얼굴을 붉힐 때도 있었다. 이유도 없이 잠수를 타는 사람도 있었다. 생각이 달라 연락이 힘든 적도 있었다. 하지만 비온 뒤의 굳어진 땅처럼 우리는 다시 모였다. 서로의 다름에 적응해 가기 시작했다. 그 과정에서 우리는 더욱 우리다워졌다. 각각의 유니크함이 더욱 도드라지기 시작했다. 톱니바퀴가 맞물려 돌아가듯 전에 없던 놀라운 힘이 우리를 움직이기 시작했다. 운영진이란 이름으로 모인 사람들을 통해 함께함의 힘을 배웠다. 여러 〈스몰 스텝〉 모임을 통해 그 힘을 확인할 수 있었다. 그 중 하나가 〈쓰닮쓰담〉이라는 글쓰기 모임이었다. 서로의 자기다움을 발견하는 12주간의 여정은 우리의 변화를 선명한 글로 보여주었다. 글을 쓰기 전의 우리와 쓴 후의 우리는 그렇게 완전히 달라져 있었다.

●　　　　　이 책은 그런 변화의 기록을 그대로 옮겨 적은 글 묶음이다. 이 여정이 어디로 이어질지는 아무도 알 수 없다. 하지만 모일 때마다 서로를 칭찬과 격려로 힘 있게 일으켜 세우고 싶다. 각각의 단톡방에는 완전한 자율권을 부여할 생각이다. '스몰 스텝'이란 이름이면 어떻고 아니면 또 어떤가. 그들 각각이 하나의 브랜드가 되어 비상하는 꿈을 꾼다. '스몰 스텝'이란 이름을 벗어나 '두 쪽 읽기'로, '성봉 영어'로, '하루 사진'으로, '사람책'으로 사람들에게 사랑받는 모습을 그린다.

나는 가장 나다운 글쓰기와 브랜딩 수업으로 사람과 기업을 세워갈 것이다. 나다움이 구호로 그치지 않고 하나하나 현실이 되는 삶, 그런 삶을 생각하면 지금도 가슴이 뛴다. 나는 그러한 성장의 기록들을 꼼꼼하게 써가려 한다. 강연으로 전파할 것이다. 그것이 가장 나다운 삶임을 스몰 스텝을 통해 배웠기 때문이다. 내가 가능했던 일이니 그들도 가능할 것이다. 그도 나도, 우리 모두가 각각의 자기다움으로 사랑받는 삶, 브랜드가 되는 삶, 그런 사람들이 모여 만들어 내는 멋진 생태계, 그것이 이 짧은 시간의 기억을 굳이 기록으로 남기고 책으로 쓰는 이유다. 나는 여전히 배가 고프다. 이 멋진 사람들이 더 빛날 수 있다면 나도 그들과 함께 빛날 수 있을 것이다.

부록 스몰 스텝 플래너

Small Step Monthly Planner

Keyword	Small Steps	1	2	3	4	5	6	7	8
#									
#									
#									
#									
#									
#									
#									
#									
#									
#									
#									
#									
#									
#									
#									
#									

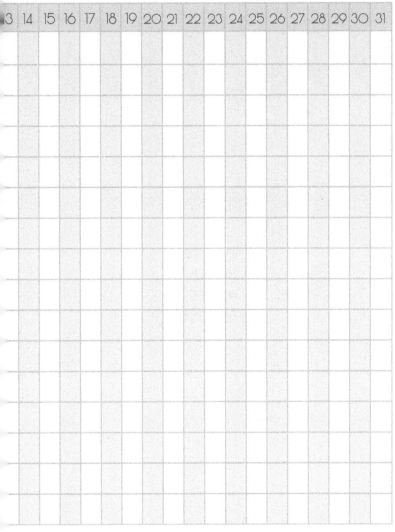

13	14	15	16	17	18	19	20	21	22	23	24	25	26	27	28	29	30	31

www.천그루숲.com의 자료실에서 양식을 받을 수 있습니다.

Small Step Weekly Planner

의미있던 성공,
설레이는 만남,
배움의 순간,
뿌듯했던 경험은?

	의미 있던 성공, 설레이는 만남, 배움의 순간, 뿌듯했던 경험은?	

www.천그루숲.com의 자료실에서 양식을 받을 수 있습니다.

Small Step
세 줄 일기

Small Step
세 줄 일기

Small Step Diet Planner

물 섭취량	🥤🥤🥤🥤🥤🥤🥤🥤🥤🥤🥤🥤	
아침		운동
:		
~ :		
점심		
:		
~ :		
저녁		
:		
~ :		
간식		기상시간
오늘 하루 어땠나요?		취침시간

Date _____   (다이어트 ____ 일차)

Small Step Diet Planner

물 섭취량			

아침		운동	
:			
~ :			
점심			
:			
~ :			
저녁			
:			
~ :			
간식		기상시간	
오늘 하루 어땠나요?		취침시간	

www.천그루숲.com의 자료실에서 양식을 받을 수 있습니다.

나다움을 찾는 매일의 작은 습관,
스몰 스텝 두 번째 이야기

스몰 스테퍼

초판 1쇄 인쇄   2020년 1월 5일
초판 1쇄 발행   2020년 1월 10일

지은이   박요철
펴낸이   백광옥
펴낸곳   천그루숲
등 록   2016년 8월 24일 제25100-2016-000049호

주 소   (06990) 서울시 동작구 동작대로29길 119, 110-1201
전 화   0507-1418-0784   **팩스**   050-4022-0784   **카카오톡**   천그루숲
이메일   ilove784@gmail.com

마케팅   백지수
인 쇄   예림인쇄 | **제 책**   예림바인딩

ISBN 979-11-88348-57-2 (13320) 종이책
ISBN 979-11-88348-58-9 (15320) 전자책

이 도서의 국립중앙도서관 출판예정도서목록(CIP)은 서지정보유통지원시스템 홈페이지(http://seoji.
nl.go.kr)와 국가자료공동목록시스템(http://www.nl.go.kr/kolisnet)에서 이용하실 수 있습니다.
(CIP제어번호 : CIP2019051857)